Ein Kind ist ein Buch, aus dem wir lesen und in das wir schreiben sollen.

Peter Rosegger

www.ggverlag.at

1. Auflage 2023

ISBN 978-3-7074-2576-5

Text: Karin Ammerer, Heinrich Götz
Illustration: Raphaela Berendt

In der aktuell gültigen Rechtschreibung

Druck und Bindung: Imprint, Ljubljana

Karin Ammerer · Heinrich Götz

Peter Rosegger

Ein Hausbuch für die ganze Familie mit den schönsten Geschichten und Gedichten aus der Waldheimat

Mit Bildern von Raphaela Berendt

Inhaltsverzeichnis

Frühling

Sommer

Herbst

Winter

Frühling

Stiegelhupfer – Batzenschupfer

Als ich ein Schulbub war, gehörte ich immer zu den Bravsten. Ich spielte gerne draußen, kletterte, rutschte, hüpfte und schaukelte. Dabei zerriss ich mir so manche Hose und manches Hemd. Beim Raufen aber war ich nie dabei. Die anderen wollten ihre Kräfte messen, ich spielte lieber. Ging jemand auf mich los, gab ich lieber nach. Nein, ein Streithansel war ich ganz gewiss nicht.

Eines Tages verspottete ein Schulkamerad einen anderen.

„Stiegelhupfer – Batzenschupfer!", rief er und lachte den anderen aus. Woher die neue Beleidigung kam, wusste ich nicht. Ich hatte keine Ahnung, wer sie erfunden hatte oder was sie überhaupt bedeutete. Jedenfalls wollte keiner ein „Stiegelhupfer – Batzenschupfer" sein. Wer so genannt wurde, schimpfte noch lauter zurück oder begann mit dem anderen zu raufen.

Nur mir machte die Spotterei nichts aus. Ich ging einfach davon.

Einmal begegnete ich auf dem Heimweg drei Buben. Einer davon war der Luis, den ich gar nicht leiden mochte. Auch er mochte mich nicht, obwohl einer dem anderen nichts getan hatte. Aber es gibt eben Menschen, die man einfach nicht mag. Genau so einer war der Luis. Mit meinen beiden Freunden stand er vor dem Steg am Fresenbach. Über den musste ich gehen, um nach Hause zu kommen. „Lasst mich vorbei!", sagte ich.

Die drei lachten nur. „Stiegelhupfer – Batzenschupfer!", riefen sie und rührten sich nicht vom Fleck. Sie streiften ihre Ärmel zurück und machten sich kampfbereit.

Wie angewurzelt stand ich da und überlegte, was ich tun sollte. Der Vater hasste es, wenn ich zu spät nach Hause kam. Bestimmt würde er mich bestrafen.

Es gab keinen anderen Weg über den Bach. Es war die einzige Brücke.

„Na, Stiegelhupfer, was machst du jetzt?", lachte mich der eine aus. „Oder bleibst du stehen? Dann bleiben wir auch stehen, Batzenschupfer!", spottete der andere.

„Drei gegen einen … Findet ihr das gerecht?", fragte ich.

Alles, was sie sagten, war: „Stiegelhupfer – Batzenschupfer!“
Dazu schnitten sie Grimassen.
Da spürte ich plötzlich ein Gefühl aufsteigen, das ich noch nie gehabt hatte: Wut. Oh, ich war fürchterlich, fürchterlich wütend. Wie ein wildgewordener Ziegenbock rannte ich los und stieß den Luis in den Bach. Damit hatte wohl niemand gerechnet – ich am allerwenigsten. Es ging alles so schnell, dass die drei Buben gar nicht reagieren konnten. Der freche Luis fiel schreiend in den Bach, dass das Wasser nur so spritzte. Die Wellen rissen den zappelnden Luis mit. Immer wieder ging er unter. Sofort liefen wir los und versuchten, ihn einzuholen. Dort, wo der Bach flach wird, bekamen wir ihn zu fassen und zogen ihn gemeinsam ans Ufer.
Da lag er nun, der Luis, dem wir gerade das Leben gerettet hatten. Patschnass war er, von oben bis unten. Als ich mich umsah, merkte ich, dass seine beiden Freunde davongelaufen waren. „Na, bist nass geworden?“, fragte ich den Luis und diesmal war ich es, der grinste.
Ich gab dem triefenden Luis eine meiner Hosen ab und auch ein Hemd. Schnell schlüpfte er hinein, packte seine nassen Sachen zusammen und rannte davon.
Am nächsten Tag brachte mir der Luis mein Gewand zurück. Verlegen stand er da und starrte die Wand an. „Gestern … das war dumm!“, murmelte er schließlich.
„Ja, ich weiß“, antwortete ich. „Aber ich bin halt so zornig gewesen …“
„Nicht von dir!“, entgegnete der Luis. „Von mir. Es war dumm, dass ich dir den Weg versperrt habe!“
Da staunte ich nicht schlecht. Das hätte ich dem Luis nicht zugetraut.
„Was hältst du davon, wenn wir von jetzt an Freunde sind?“, fragte ich den Luis und streckte ihm die Hand entgegen. Lachend schlug er ein. Von da an waren wir beide, der Luis und der Peterl, gute Freunde und wir blieben es unser Leben lang.

Was der Schwalbe auf ihrer Reise geschehen ist

Die Menschen freuen sich, wenn die Schwalben im Frühjahr zurückkommen. Man erzählt sich, dass Schwalben Glück bringen. Die Spatzen waren weniger begeistert von der Rückkehr. Sie blieben das ganze Jahr über in Österreich. Aber nur im Winter wurden sie beachtet. Während der anderen Jahreszeiten waren den Menschen die anderen Vögel lieber. Das fanden die Spatzen gar nicht gut, doch ändern konnten sie daran nichts. Die Schwalben kamen auch in diesem Jahr zurück. Erschöpft von dem anstrengenden Flug landete eine Schwalbe auf dem Dach. Der Spatz zwitscherte: „Herzlich willkommen! Hattest du eine gute Reise?"

Die Schwalbe atmete ein paar Mal tief ein und aus. „Anstrengend war es …", keuchte sie. Der Spatz schüttelte den Kopf. „Ts … anstrengend?", piepste er beleidigt. „Wir Spatzen haben hier im Winter bei Schnee, Kälte und Sturm ausgehalten. Wir haben uns um eure Nester gekümmert. Und was macht ihr Schwalben? Ihr fliegt einfach fort, wenn es ein wenig ungemütlich wird. Ihr macht euch einen schönen Urlaub im Süden und dann kommt ihr zurück und beschwert euch, weil wir in euren Nestern gewohnt haben. Dabei sollten wir Vögel doch zusammenhalten."

Die Schwalbe dachte kurz nach. „Du bist eifersüchtig, weil wir in den Süden fliegen?", zwitscherte sie schließlich. „Du solltest froh sein, dass ihr Spatzen so gesund seid und das kalte Klima hier ertragen könnt. Wir Schwalben müssen zweimal im Jahr eine weite, anstrengende Reise auf uns nehmen."

„Ha, ha, ha, weite, anstrengende Reise!", lachte der Spatz. „Ich würde jeden Tag ein bisschen fliegen und nachts auf einem Baum rasten. Dann würde ich einen Käfer jagen oder ein Würmlein fressen und ein paar Körnlein picken. Am nächsten Tag geht es gut ausgeruht und vollgefressen weiter."

„So stellst du dir das also vor", sagte die Schwalbe. „Na ja, du bist ja auch noch nicht weit herumgekommen. Nun, in den ersten Tagen funktioniert dein Reiseplan. Doch dann erreichst du das Meer. Da gibt es keine Bäume und keine Sträucher, wo du rasten kannst."

Der Spatz wurde nachdenklich.

„Das wusste ich nicht", gab er zu.

„Ja, wenn du das Meer überflogen hast, kommst du im heißen Afrika an. Wir suchen uns Schattenplätze in den Oasen der Wüste. Die Rosen duften und wir umkreisen die höchsten Pyramiden. Ja, es ist schön dort. Doch nachts, wenn es schwül ist und wir die Schakale rufen hören, dann träumen wir von zuhause. In der Regenzeit harren wir unter Palmenblättern aus. Und wenn der Regen vorbei ist, beginnen wir mit Flugübungen. Wir müssen die Flügel für die weite Reise stärken."

Der Spatz hörte aufmerksam zu. So hatte er sich den Urlaub im Süden nicht vorgestellt. Die Schwalbe erzählte, dass sie und die anderen Zugvögel von der felsigen Küste Afrikas losfliegen: „Alle wissen, dass der Flug über das Mittelmeer ansteht. Ohne Rast, ohne Pause, ohne Essen und ohne Trinken. Auch wenn ein Sturm aufkommt, oder gar ein Gewitter …", gab die Schwalbe zu bedenken. „Wir müssen weiterfliegen. Es bleibt uns ja nichts anderes übrig."

Der Spatz nickte.

„Aber am meisten fürchten wir die Menschen.", erzählte die Schwalbe. „Manche schießen auf uns oder stellen Fallen auf. Sie fangen uns ein, um uns zu essen, oder sie stecken uns in kleine Käfige, damit wir in ihren Häusern zwitschern und singen."

„Wie furchtbar!", seufzte der Spatz. Er hatte nicht daran gedacht, dass die Reise

der Schwalben gefährlich war. Die Schwalbe nickte traurig. „Auch ich habe schon Freunde verloren", sagte sie mit schwerer Stimme. „Deshalb bin ich ganz allein aus Afrika zurückgekommen."
Der Spatz schaute die Schwalbe mitleidig an. Da fiel ihm etwas ein. „Ich habe gehört, dass die Menschen einen Verein gegründet haben. Einen Verein, der die Vögel schützen will. Es gibt nämlich nicht nur schlechte Menschen, sondern viel mehr gute."
Da strahlte die Schwalbe. „Ist es wirklich wahr? Auf der Reise haben die anderen auch schon darüber geredet. Es muss also wohl stimmen."
„Ja, auch in diesem Haus, auf dem wir gerade sitzen, leben Vogelfreunde", berichtete der Spatz. Die Schwalbe konnte ihr Glück kaum fassen. „Wenn das so ist, werde ich gerne wieder in mein Nest ziehen. Danke, lieber Spatz! Nun habe ich neuen Mut. Ich werde mir hier ein neues Leben aufbauen."

Und so blieb die Schwalbe und ihr altes Nest wurde ihr neues Zuhause. Der Spatz kümmerte sich um das Heim der Schwalbe, wenn sie in den Süden flog. Er wusste, wie anstrengend die Reise war und welche Gefahren auf seine Freundin warteten. Er war immer froh, wenn sie gesund zurückkehrte und war dankbar, dass immer mehr Menschen zu Vogelfreunden wurden.

Hannchen beim Pfarrer

O Herr, des Nachbars Valentin,
der stahl mir gestern meinen Hafer,
er stahl – ihn mir, er stahl – mir ihn,
es war nur eine Handvoll – aber –

Am Hafer hing mein kleines Huhn,
es hat so gern von ihm geklaubt;
So hat er mir den Hafer nun
und auch mein kleines Huhn geraubt.

Mein ganzes Herz hing an dem Tier,
es war so fett und schwarz wie Kohlen:
Jetzt hat der Strolch das Hühnchen mir
und auch – mein ganzes Herz gestohlen.

Peter, der Eierbub

Meine Mutter hatte auf unserem Hof drei Hühner. Im Frühjahr und im Sommer brachten ihr die Eier ein bisschen Geld ein.
Vor Ostern färbten wir die Eier rot. Einen Teil verschenkten wir an arme Kinder, die bei den Bauern um Ostereier baten. Auch unsere Mägde bekamen rote Eier, die sie manchmal an einen Burschen weitergaben. Ein rotes Osterei hieß so viel wie „Ich mag dich!“. Wenn also ein Mädchen einem Burschen ein solches Osterei überreichte, war das fast eine Liebeserklärung.
Oft versteckten die Mädchen die Ostereier und die Burschen mussten suchen. Das war ein Spaß! Die Dirndl waren nämlich sehr einfallsreich und fanden immer schwierigere Verstecke: im Stroh, im Busch, in dunklen Winkeln.
Wenn nicht Ostern war, verkaufte meine Mutter die Eier. In ihrem großen Korb mit Henkel brachte sie die Eier manchmal sonntags ins Mürztal. Als meine Mutter krank wurde, übernahm ich das für sie. So wurde ich Peter, der Eierbub.
Ein- oder zweimal im Monat marschierte ich mit dem gefüllten Korb nach Krieglach, um die Eier für zwei Kreuzer das Stück zu verkaufen. Zu meinen Kundinnen zählten die Frau Bürgermeister, die alte Lebzelterin, die Wirtin und die Bäckerin. Am allerliebsten ging ich zur Frau Bürgermeister. Sie steckte mir oft einen Silbergroschen zu, als „Tragerlohn“. Die alte Lebzelterin wusste, dass ich so gerne las. Sie gab mir jedes Mal Bücher und Zeitschriften mit, die ich mir ausborgen durfte. Und so wanderte ich meist mit einem Korb voller Lesestoff nach Hause. Schon auf dem Heimweg las ich und stolperte so manches Mal über eine Wurzel oder einen Stein. Das störte mich allerdings nicht.
Meine Mutter freute sich über das Geld, meine Kundinnen waren froh über die Eier und ich war mehr als glücklich mit meinen Büchern. Doch einmal bekam ich als Eierbub große Schwierigkeiten.
Wieder einmal brachte ich einen Korb voll Eier nach Krieglach. Wie immer ging

ich dabei sehr vorsichtig. Ich wollte ja, dass die Eier heil bei meinen Kundinnen ankommen. Außerdem war ich barfuß unterwegs und die Straßen waren steinig.
Da kam der Blasius mit seinem Fuhrwagen vorbei. Er hielt an und ließ mich aufsitzen. Ich schwang mich auf die Ladefläche und machte es mir bequem.
Den Eierkorb stellte ich neben mir ab.
Schon fuhr der Blasius weiter. Geschickt lenkte er den Fuhrwagen über die holprigen Straßen. Der Blasius war ein schneller Fahrer und der Wagen hüpfte über die Steine und Löcher. Ich fand das lustig. Jedenfalls, bis ich merkte, dass auch der Korb mit den Eiern auf- und abhüpfte. Rasch hob ich ihn hoch, um ihn auf meinen Schoß zu stellen. Aber es war bereits zu spät! Aus dem Korb tropfte eine schleimige Flüssigkeit – die Eier waren kaputt. „Oh nein! Die Eier", rief ich laut.
Sofort hielt der Blasius an und drehte sich um. Ich streckte ihm meine Finger entgegen. Sie waren voller Eiklar und Dotter.
„Die Eier!", jammerte ich entsetzt.
„Ich hätte mit dem Geld für meine Mutter einkaufen sollen. Fleisch, Reis und Semmeln ... jetzt sind die schönen Eier hin."

Der Blasius schaute in den Korb und nickte. Ich tat ihm leid, das spürte ich. Und ihn plagte das schlechte Gewissen. „Wenn ich nicht so schnell gefahren wäre, wären die Eier noch ganz“, meinte er. Weil er kein Geld bei sich hatte, gab er mir seine Taschenuhr. Die sollte ich in Krieglach für ein paar Gulden verkaufen und davon die Einkäufe für meine Mutter bezahlen.

„Das kann ich nicht annehmen!“, widersprach ich. „Ich bin ja selbst schuld. Ich hätte den Korb gleich halten sollen.“ Aber das ließ der Blasius nicht gelten und so nahm ich die Uhr.

Der Blasius steuerte den Wagen zur Kohlenbrennerei. Dort rief er nach der Susanna und hielt ihr den Korb unter die Nase.

„Jessas, was ist denn da passiert?“, fragte die Susanna erstaunt. Sie holte einen Topf und dann noch einen und leerte das Gemisch aus Eiklar, Dotter und Eierschalen hinein. Daraus wollte die Susanna Strauben für uns machen.

Ein paar Eier waren tatsächlich heil geblieben. Die brachte ich zur Frau Bürgermeister. Sie wunderte sich, weil es nur so wenige Eier waren, und wahrscheinlich auch über meine glitschigen Finger. Da erzählte ich der Frau Bürgermeister alles und was tat sie? Sie lachte!

Das Geld für die Eier würde niemals für die Einkäufe reichen, das war mir klar. Deshalb zeigte ich ihr die Taschenuhr und bot sie ihr zum Kauf an. „Ich gebe Ihnen diese wunderschöne Uhr für drei Gulden“, meinte ich. „Sie ist sicher zwei Gulden wert. Aber wenn Ihnen das zu viel ist, bin ich auch mit einem Gulden zufrieden.“

Ich denke, das kam der Frau Bürgermeister etwas seltsam vor. Sie rief nach ihrem Mann.

„Woher hast du diese Uhr?“, wollte er wissen. Seine Stimme klang streng und sein Blick musterte mich von oben bis unten.

„Der Fuhrmann hat sie mir geschenkt“, antwortete ich.

„Niemals!“, entgegnete der Bürgermeister. „Ein Fuhrmann verschenkt keine Uhren.“

Gerade als er mich einsperren lassen wollte, kam der Blasius vorbei.

Was war ich erleichtert! Er bestätigte, dass er mir die Uhr geschenkt hatte.

„Damit ich die Einkäufe für meine kranke Mutter bezahlen kann", ergänzte ich. „Warum hast du das denn nicht gleich gesagt?", fragte die Frau Bürgermeister und strich mir über den Kopf. „Hier hast du das Geld, Peterl. Kauf für die Mutter ein und bring nur alles heil nach Hause. Die Eier lieferst du einfach das nächste Mal."
Dankbar nahm ich das Geld und versprach, meine Schulden mit Eiern abzuzahlen.
Als ich meine Einkäufe erledigt hatte, fuhren der Blasius und ich zur Susanne.
Sie hatte aus dem Eier-Mischmasch köstliche Strauben gebacken. Die ließen wir uns nur zu gerne schmecken. Ja, es war lustig mit dem Blasius. Aber am nächsten Eiertag, ein Monat später, ging ich lieber wieder zu Fuß.

Ostereier dutschen

In der Geschichte „Peter, der Eierbub“ haben die Mädchen und Burschen ihre Freude mit den Ostereiern. Sie schmeckten nicht nur gut, nein, man konnte damit auch spielen. Nicht nur zu Peter Roseggers Zeit war das „Eier dutschen“ sehr beliebt.

Du brauchst:

Mindestens 2 hartgekochte Eier
2 Gegner (oder auch mehr)

Spielanleitung:

Jeder Eierdutscher sucht sich ein Osterei aus und stellt sich einem anderen gegenüber. Nun schlagen sie die Eier mit der spitzen Seite gegeneinander. Das machen sie so lange, bis ein Ei kaputt wird. Der Dutscher, dessen Ei keinen Sprung abbekommt, hat gewonnen. Die Siegesprämie ist das Osterei des anderen.
Und da dieses Ei ohnehin schon kaputt ist, darf es sich der Gewinner gut schmecken lassen.

Das Spiel ist auch heute noch beliebt. In Österreich nennt man es „Eier pecken“, in Deutschland „Ostereier titschen“. Sogar in Russland und Schweden werden Eier zu Ostern gerne gedutscht.

Als ich nach Emmaus zog

Nach dem Gottesdienst am Ostermontag sollte man nach Emmaus gehen. Das hatten schon die Jünger Jesus gemacht und tatsächlich begegneten sie auf dem Weg dem Sohn Gottes. Für uns im Waldlande hieß es, wir sollten nicht länger traurig sein. Viele Leute gingen ins Wirtshaus und wünschten einander „Der Friede sei mit dir!“ Da war der Herrgott mitten unter ihnen.

Als ich etwa zehn Jahre alt war, kam in der Fastenzeit der Tritzel, ein alter Tagwerker, zu uns auf den Hof. Meine Mutter war davon nicht begeistert. Der Tritzel war ein bisschen unheimlich. Außerdem war er schon einmal im Gefängnis gewesen.

Der Vater glaubte das nicht und fragte den Tritzel aus.
„Ja, ich war im Gefängnis!“, bestätigte der. „Ich konnte meine Steuer nicht bezahlen. Da wollten sie mir meine Kuh wegnehmen. Das konnte ich doch nicht zulassen. Ich habe dem Pfänder eine Ohrfeige gegeben. Ja, und dann haben sie die Kuh dagelassen und mich eingesperrt.“
Der Vater lachte und der Tritzel blieb bei uns. Er half beim Schneeschaufeln und brachte den Dung in den Garten hinaus.
Kurz vor Ostern meinte mein Vater, der Tritzel sollte sich einen anderen Platz zum Schlafen suchen. Das ließ meine Mutter nicht gelten.
„So brav hat er mit uns gefastet“, sagte sie. „Und jetzt, wo es bald Weihfleisch und Osterkrapfen gibt, soll er gehen?“
Der Tritzel war froh, dass er noch ein paar Tage bei uns wohnen und essen durfte.
Am Ostermontag fragte er mich, ob ich mit ihm nach Emmaus gehen wollte. Die Mutter widersprach energisch:
„Der Bub geht mir nicht ins Wirtshaus!“

„Aber liebe Waldbäuerin", antwortete der Tritzel. „Ich möchte mit dem Buben zur Kreuzkapelle gehen, nicht ins Wirtshaus. Vielleicht begegnet uns der liebe Herrgott."
Der Vater war einverstanden und ich durfte mit dem Tritzel gehen.
Die Kreuzkapelle war ungefähr eine Stunde von unserem Hof entfernt. Gerade in der Fastenzeit kamen jeden Freitag viele Wallfahrer dorthin, um zu beten. Sie zündeten Kerzen an und warfen Geld in den Opferstock. Jeden Tag ging eine alte Frau zur Kapelle, um sie aufzusperren, die Glocke zu läuten und dann das Schloss wieder zu versperren.
Wir gingen über Wiesen und durch den Wald und ich hielt Ausschau nach dem lieben Gott.
Dort, wo der Weg sich zweigte, fragte mich der Tritzel: „Wenn wir nach links gehen, kommen wir zum Schützenhof, oder?"
„Ja, das ist richtig!"
„Und stimmt es, dass der Schützenhofer reich ist?", wollte der Tritzel wissen.
„Jedenfalls sagen das die Leute!", erwiderte ich. Genaueres wusste ich auch nicht.
Wir gingen nach rechts und kamen zur Kapelle. Auf dem Dach lag noch Schnee und Eiszapfen hingen herab. Der Tritzel nahm ehrfürchtig seine Kappe ab und ging zur Tür. Er legte eine Hand auf die Klinke und drückte sie nach unten.
„Zugesperrt!", sagte er. Oje, da waren wir den ganzen weiten Weg umsonst gegangen.
Der Tritzel ging um die Kapelle und entdeckte ein kleines Fenster. Er rief nach mir und erklärte mir seinen Plan: „So ein dünner Bursch wie du passt da durch. Dann schiebst du den Riegel von innen auf

und lässt mich hinein. Wir knien uns nieder und beten miteinander. Na, was sagst du?"

Meine Antwort wartete der Tritzel aber gar nicht ab. Er hob mich hoch und stopfte mich durch die enge Öffnung. Mit einem lauten Poltern fiel ich in die Kapelle.

„Und jetzt lass mich in die Kapelle!", rief der Tritzel von draußen. Im Dunkeln tastete ich mich voran. Endlich fand ich die Tür. „Na los, mach auf!"

„Da ist kein Riegel!", informierte ich meinen Kollegen. „Es gibt ein eisernes Schloss, aber das kann ich nicht aufmachen!"

Der Tritzel legte mir eine Schachtel Zündhölzer an das Fenster. Damit sollte ich die Kerzen am Altar anzünden. Ich tat es und der Tritzel fragte: „Bub, siehst du ein Schüsserl auf dem Altar?"

Ich schaute mich um. „Ja, da ist es. In dem Schüsserl sind ganz viele Münzen!"

„Also hat die alte Frau das Geld für die Kapelle wieder vergessen!", meinte der Tritzel und es klang besorgt. „Nicht, dass das Geld jemand stiehlt. Gib mir das Schüsserl heraus. Ich werde es der Alten bringen."

„Ich soll die Kirche ausrauben und das Opfergeld stehlen?" Nein, das kam überhaupt nicht in Frage.

„Du sollst doch nichts stehlen!", widersprach der Tritzel. „Ich passe auf das Geld auf, damit es niemand nimmt. Es gibt ja so viele böse Menschen heutzutage!"

Er streckte seinen Arm durch das Fenster. „Gib mir das Geld!", wiederholte er.

Ich weigerte mich. Es kam mir falsch vor und ich wusste ja nicht, was der Tritzel wirklich vorhatte.

„Stell dich nicht so an, Waldbauernbub!", schnauzte er mich an. „Ich habe dem Herrn Pfarrer versprochen, ihm das Geld zu bringen. Also los, her damit!"

Ich glaubte ihm nicht. „Nein, nein, nein, das mache ich nicht!", schrie ich zum Tritzel hinaus.

Er schimpfte und fluchte, aber das half ihm alles nichts. Ich hörte, wie er im Schnee davonstampfte.

Alles war still in der Kapelle. Die zwei Kerzen flackerten auf dem Altar und mir war kalt. Richtig unheimlich war es hier. Ich versuchte, aus dem Fenster zu klettern, aber ich war zu klein. „Die Glocke!“, schoss es mir plötzlich ein. Und schon zog ich an dem Strick und ließ die Glocke läuten. Draußen wurde es dunkel und die Kerzen brannten immer weiter nach unten. Bald würde ich kein Licht mehr haben. Ich weinte und schrie um Hilfe, aber niemand kam.

Eine Kerze erlosch und ich hatte Angst, die Nacht in der Dunkelheit verbringen zu müssen. Mit letzter Kraft stellte ich eine Betbank unter das Fenster. Auf die stieg ich, steckte die Arme und dann den Kopf durch die Öffnung. Den Körper schob ich nach so gut es ging. Plumps! Ich landete im Schnee. So rappelte ich mich auf und lief los. Plötzlich kam mir ein Lichtlein entgegen. War das der liebe Gott?

Das Licht kam näher. Es gehörte dem Knecht vom Schützenhof. Dahinter ging der Herr Pfarrer. Die beiden wunderten sich, als sie mich sahen. „Was machst denn du hier, Peterl? Mitten in der Nacht und ganz allein!“

„Der Tritzel wollte, dass ich in die Kapelle einsteige und das Opfergeld stehle!“, berichtete ich aufgeregt. „Als ich das nicht machen wollte, hat er mich einfach zurückgelassen!“

Der Herr Pfarrer schüttelte streng den Kopf. „Dieser Tritzel!“, seufzte er. „Heute, am Ostermontag, wo die Leute in den Wirtshäusern sitzen, dachte er, dass niemand zuhause ist. Er ist auch in den Schützenhof eingebrochen. Der Bauer hat ihn erwischt, als er das Geld stehlen wollte! Wer weiß, was er noch alles gemacht hat.“

Nun wollte der Tritzel beichten und der Herr Pfarrer musste weiter zum Schützenhof. Das Lichtlein verschwand bald zwischen den Bäumen. Ich dachte noch lange über die Erlebnisse nach. Nach Emmaus wollte ich gehen, um dem lieben Herrgott zu begegnen. Ohne es zu wollen, hätte ich beinahe einem Verbrecher geholfen. Ich war froh, dass mich mein Gefühl davon abgehalten hatte. Und ich bin sicher, dass mich der Herrgott dabei geleitet hat.

Der Fronleichnamsaltar

Zu Fronleichnam wurde der Herrgott in Brotgestalt durch das Dorf getragen. An vier verschiedenen Plätzen hielt die Prozession, um aus den Evangelien zu lesen und zu beten. In Kathrein am Hauenstein hatte man dafür einen kleinen tragbaren Altar. Der Kaunigl musste das Tischlein, die Kerzenleuchter und den Knieschemel von einem Evangeliumsplatz zum anderen tragen.
Einmal kam ich zu spät zur Kirche. Die Leute waren schon losgezogen und ich musste eine Abkürzung nehmen, um mich der Menge anzuschließen. Ich zwängte mich durch die Büsche und begegnete dem Kaunigl. „Na, dann kannst gleich tragen helfen!“, sagte er. Kurzerhand schnappte ich mir den Schemel und die Kerzenleuchter und schon liefen wir los. Flink bauten wir den Altar auf und zündeten die Kerzen an. Von der Prozession war aber noch nichts zu sehen. Der Kaunigl holte aus seiner Hosentasche Spielkarten, mischte und teilte sie aus. Wir hatten schon oft zusammen Karten gespielt und jetzt war der Altar unser Spieltisch. Beim dritten Spiel hörten wir die betenden Menschen. Blitzschnell packte der Kaunigl die Karten zusammen und ließ sie wieder in seiner Hosentasche verschwinden. Wir zogen unsere Kappen von den Köpfen und stellten uns ganz unschuldig an die Seite.
Die Musikanten kamen als Erstes an, dann der alte Pfarrer mit dem Allerheiligsten. Gerade wollte er die Monstranz auf das Altärchen stellen, als er plötzlich erstarrte. Der Pfarrer wurde ganz blass um die Nase. Hatten wir etwa eine Karte vergessen? Wirklich wahr, der Grünzehner lag unter dem Tüchlein auf dem Altar.
Natürlich wusste der Herr Pfarrer nicht, wer mit dem Kaunigl auf dem Fronleichnamsaltar Karten gespielt hatte. Dennoch traute ich mich nicht mehr zur Beichte. Ich hatte viel zu viel Angst, dass er einen Verdacht hatte. Dem Kaunigl war das egal. Er ging beichten und erzählte, dass er Karten gespielt hatte. „Nun ja, das Kartenspielen ist nicht so schlimm!“, antwortete der Pfarrer. „Außer, wenn du um Geld gespielt hast!“ Das hatte er nicht und genau das berichtete er auch dem Pfarrer.

Danach war ich beruhigt. Wenn das Kartenspielen nichts Schlimmes ist, muss man es ja wohl auch nicht beichten, dachte ich mir. Außerdem stand nirgends, dass es verboten war, auf dem Altar Karten zu spielen. So redete ich mir selbst ein, dass wir nichts Falsches getan hatten. Aber in mir sah es anders aus. Immer wenn ich an das Spiel auf dem heiligen Tisch dachte, wurde mir ganz übel. Nachts träumte ich davon, wie der Altar beim Gottesdienst zu sprechen begann und uns anklagte. So konnte es nicht weitergehen!

Eines Abends ging ich nach Sankt Kathrein, um mit dem Herrn Pfarrer zu sprechen. Er stand bei seinem Brunnentrog und schaute ins Wasser. „Peterl!", begrüßte er mich. „Neun und fünf und sieben – das ist doch 21, oder?"

Ich war nicht besonders gut im Kopfrechnen und nickte nur. Der Herr Pfarrer kratzte sich nachdenklich am Kopf. „Na, sowas … Da, schau her! Der Blasler-Bub hat mir neun Forellen verkauft. Die habe ich in den Trog gegeben. Ein paar Tage später habe ich fünf Forellen bei ihm gekauft und sie auch hier hineingetan. Und heute habe ich mir nochmals sieben Forellen geholt. 21 Forellen müssten in dem Trog sein."

Er beugte sich über den Brunnentrog. „Acht sind es! Und keine Forelle mehr! Da hat mir der Bub dieselben Forellen immer wieder verkauft."

Ärgerlich zählte der Herr Pfarrer noch einmal nach. Aber es wurden nicht mehr Forellen. Der Blasler-Bub hatte dem Pfarrer die Fische gestohlen und wieder verkauft. Der sonst so gutmütige Gottesmann war richtig wütend. Es war wohl nicht die richtige Zeit, um meine Sünden zu beichten.

Ein paar Tage später sah ich, wie der Kogel-Wirt eine Ziege und zwei kleine Zicklein an unserem Hof vorbeitrieb. Seine Frau wollte dem Herrn Pfarrer die Tiere schenken, erklärte mir der Wirt. Ich wusste sofort, dass die Gelegenheit günstig war. In einer Stunde wollte ich nach Sankt Kathrein loswandern und zum Pfarrer gehen. Diesmal würde er bestimmt gut gelaunt sein. Wer wäre das nicht bei einem solchen Geschenk?

Und tatsächlich! Der Herr Pfarrer begrüßte mich fröhlich und lud mich auf eine Schale Kaffee mit frischer Ziegenmilch ein. Ich rührte und rührte und rührte durch den Kaffee. Ich konnte dem Pfarrer einfach nicht in die Augen schauen. Zögernd erzählte ich, dass ich auf dem Fronleichnamsaltar Karten gespielt hatte.

Der Herr Pfarrer blieb ganz ruhig. „Hast du es getan, um den heiligen Tisch zu verspotten?", fragte er mich. Da erschrak ich zutiefst. „Nein!", rief ich entsetzt. „Nein, Herr Pfarrer, niemals!"

Der Pfarrer trank einen Schluck Kaffee. Dann sagte er: „Auf dem Altar spielt man nicht Karten, das gehört sich nicht. Aber wenn du dabei nichts Böses im Sinn hattest, so lassen wir es gut sein. Merk dir, dass man zum Gottesdienst das Gebetbuch mitnimmt und keine Spielkarten!"

Das versprach ich gerne.

Sommer

Die Sonnenwende

Im Juni, wenn die Sonne am höchsten steht, ist Sommersonnenwende. Das ist bei uns am Alpl eine magische Zeit. Drei Sachen sollen bei der Sonnenwende gelingen: die Natur beschwören, in die Zukunft sehen und Geschehenes wieder ungeschehen werden lassen.
Am 21. Juni, am Sonnwendtag, machten die Bauern auf ihren Äckern ein Sonnwendfeuer. Da saßen alle zusammen und es wurden Geschichten erzählt. Manche waren lustig, andere waren gruselig. Dazu gab es die Sonnwendstrauben, Eierkuchen mit Holunderblüten – meine Lieblingsspeise.
Für das Sonnwendfeuer nahmen die Bauern Holz, das am Palmsonntag geweiht worden war. Sie legten Tannenzweige, feuchtes Moos und Heidekraut über das Feuer. Der dichte Rauch stieg auf und zog über die Felder, bis hinauf zu den Wolken.
So beschworen die Bauern die Natur. Das Sonnwendfeuer sollte dafür sorgen, dass Regen, Hagel und Unwetter keinen Schaden anrichten.
Aber nicht nur die Ernte, auch wir Alpler wollten beschützt werden. Wer sich traute, sprang über das Feuer. Schaffte man das, ohne sich die Kleidung zu verbrennen, bekam man das ganze Jahr kein Fieber. So erzählte man es sich jedenfalls. Und man erzählte noch mehr. Am Tag der Sonnenwende kann man in die Zukunft sehen.
Wie? Das glaubst du nicht? Na ja, ich weiß auch nicht genau, ob das wirklich funktioniert. Doch einige Alpler Dirndl probierten es aus. Sie wollten alles über ihren zukünftigen Mann wissen. Wann verlieben wir uns? Wie sieht er aus? Wie heißt er? Und ganz besonders wichtig: Wo ist er?
Ich habe keine Ahnung, wo man die Antworten auf diese Fragen findet. Aber bei so einer Sonnwendfeier soll sich tatsächlich das eine oder andere Paar gefunden haben.
Und noch etwas passiert am Sonnwendtag. Man kann das, was geschehen ist, ungeschehen machen. Das klingt wie ein Zauber und vielleicht ist es das auch.
Wieder einmal geht es um die Liebe. Oder besser gesagt um Liebeskummer.

Geht eine Liebe zu Ende, ist das nicht schön. Was können unglücklich Verliebte tun? Traurige Musik hören, gemeinsame Fotos verbrennen oder jede Menge Schokolade essen. Nein, bei uns am Alpl machten wir das anders. Am Johannistag, also am Tag des heiligen Johannes, wartete der Unglückliche, bis es dunkel wurde. Dann ging er in den Wald und vergrub dort etwas, das ihn an seine Herzallerliebste erinnerte. Das konnte eine Haarlocke sein, eine Blume oder ein Geschenk, das ihm die Dame gegeben hatte. Sobald das Erinnerungsstück unter der Erde war, verging der Liebeskummer auch schon. Das Herz wurde wieder leicht und die Traurigkeit verschwand.

Das hört sich erstaunlich einfach an. Bei der Marie und dem Franz hat es allerdings nicht funktioniert. Die beiden waren ganz schrecklich verliebt ineinander. Nur wusste die Marie nicht, dass der Franz sie auch gern hatte, und der Franz dachte, dass die Marie ihn bestimmt nicht gut findet. Also ging die Marie am Johannistag in den Wald und der Franz ging auch in den Wald. Die Marie vergrub etwas vom Franz, und der Franz vergrub etwas von der Marie. Dann machte sich die Marie auf den Weg zur Sonnwendfeier und der Franz machte sich ebenfalls auf den Weg.

Mitten im Wald trafen sie einander.

„Was machst denn du da?“, fragte der Franz die Marie.

„Und was machst du da?“, wollte die Marie wissen.

Schließlich erzählten sie einander, dass sie gerade ihre unglückliche Liebe begraben hatten. „Aber ich hab dich doch gern!“, flüsterte der Franz und nahm Maries Hand.

„Und ich dich noch mehr!“, flüsterte die Marie zurück.

Sie küssten sich und küssten und küssten. Bald danach heirateten sie und die Leute im Dorf hörten auf, ihre Liebe zu vergraben. „Besser ist es, du sagst es, wenn du jemanden liebst!“, meinten der Franz und die Marie. Und die müssen es ja wissen.

Rezept Eierkuchen

Zur Sommersonnenwende backte Peter Roseggers Mutter gerne Eierkuchen. Die Mehlspeise aß Peter so gerne, dass er für ein Extrastück große Opfer brachte. Einmal überließen ihm seine Geschwister sogar den ganzen Eierkuchen. Als Gegenleistung musste ihnen Peter ein ganzes Jahr lang jeden Abend eine Geschichte erzählen. 365 Geschichten! Das war nicht einmal für den Waldbauernbuben eine leichte Aufgabe. Aber was macht man nicht alles für einen Eierkuchen?

Rezept für 8 Eierkuchen

Du brauchst:

2 Schüsseln

1 Schneebesen

1 Mixer

1 Schöpflöffel

1 Pfanne

Zutaten für ca. 8 Stück:

250g Mehl

2 Eier

¼ l Milch

¼ l Wasser

1 Prise Salz

1/8 l Öl oder etwas Butter

Zubereitung:

Gib das Mehl in eine Schüssel und drücke eine Mulde in die Mitte. In eine zweite Schüssel gibst du das Eigelb der zwei Eier, die Milch, das Wasser und eine Prise Salz. Das Ganze verquirlst du gut.

Rühre nun die Flüssigkeit nach und nach in die Mehlmulde. Nimm dafür am besten einen Schneebesen, damit sich alles gut vermischt. Lass den Teig nun zirka 20 Minuten rasten. In der Zwischenzeit schlägst du das Eiklar mit einem Mixer zu Schnee. Hebe den Schnee vorsichtig unter den Teig.

Erhitze Fett. Öl oder etwas Butter in einer Pfanne. Gieße einen Schöpflöffel Teig in die heiße Pfanne. Ist die Unterseite goldgelb gebacken, drehst du den Eierkuchen um und lässt auch die andere Seite goldgelb backen.

Je nach Geschmack kannst du sie mit Staubzucker bestreuen oder mit Kompott servieren. Für den Sonnwendkuchen aus der Geschichte drückst du Holunderblüten in den Teig.

Genieß den Eierkuchen mit Menschen, die du gerne hast. Dann schmeckt er noch besser.

Tipp: Backe Eierkuchen mit einem Erwachsenen. Das ist sicherer und macht noch mehr Spaß!

Als ich mir die Welt am Himmel baute

Manchmal fand ich das Leben in der Waldheimat fast ein bisschen langweilig. Tagein, tagaus sah ich dieselben dunkelgrünen Wälder, hörte dieselben Vögel zwitschern und den Wind rauschen.

Als ich eines Tages unsere Herde auf der Hochöde hütete, entdecke ich den Wolkenhimmel. Natürlich hatte ich den Himmel schon oft gesehen. Doch diesmal war es anders. Ich lag auf der Wiese und kaute verträumt an einem Grashalm. Dabei beobachtete ich die Wolken und entdeckte die Figuren und Formen, die sie bildeten. Von da an ging ich gerne auf die Weide. Meine Eltern wunderten sich, dass ich freiwillig früh aufstand und sogar auf die Morgensuppe verzichtete. Fröhlich trieb ich die Rinder auf die Weide und war gespannt, was mir die Wolken diesmal erzählen wollten. Die Kühe und Kälber grasten zufrieden und ihre Glocken schellten lustig. Ich saß auf einem Stein und wartete auf den Sonnenaufgang. Der dunkelrote Schein breitete sich immer weiter aus und goldene Strahlen durchbrachen die Wolken. Plötzlich waren unsere Kühe rot. Das Heidekraut war rot, die Steine, die Bäume am Waldrand und sogar meine Hose. Ich staunte über das Farbenspiel. Dann stieg die Sonne langsam durch den Nebel auf. Es sah aus wie ein Brand. Wie ein Feuer, das die Hirtenjungen machten, um ihre Erdäpfel zu braten. Die Sonne bahnte sich ihren Weg über den Himmel und ihr Schein breitete sich immer weiter aus. Meine Kühe und ich warfen lange Schatten. Wenn ich aufstand und mich auf die Zehenspitzen stellte, konnten meine Schattenfinger beinahe die Wolken erreichen. Die Sonne erstreckte sich und vertrieb die Nebelschwaden und sogar die Wolken. Winzig klein wirkte die Sonne, so ganz allein am tiefblauen Himmel.

An anderen Tagen blieben die Wolken. Manchmal waren sie schneeweiß, manchmal grau und manchmal sogar richtig dunkel. Manche zogen alleine über den Himmel, andere bildeten ganze Gruppen. Immer wieder änderten sie ihre Form. Ich entdeckte ungewöhnliche Vögel, Riesen mit gigantischen Köpfen, süße Lämmchen und vieles mehr. Einmal kroch eine gewaltige Wolken-Spinne mit acht oder zehn Beinen auf die Sonne zu und fraß sie auf. Da lag der Waldrand im Schatten.

Ich fragte die Wolken, woher sie kommen und wohin sie ziehen. Eine Antwort erhielt ich allerdings nie.

Sommer-Expedition in den Wald

Im Sommer gibt es im Wald viel zu entdecken. Du wirst staunen, was es alles zu erleben gibt. Also los, worauf wartest du? Auf zur Sommer-Expedition in den Wald.

Du brauchst:

- Feste Schuhe (für sicheren Halt)
- Lange Hosen (schützen dich vor Insekten und vor Kratzern)
- Expeditions-Rucksack mit Expeditions-Ausrüstung
- Denk auch an den Schutz vor Zecken, wenn du im Wald unterwegs bist.

Das gehört zu deiner Expeditions-Ausrüstung:

- Lupe oder Becherlupe
- Bestimmungsbuch für Pilze, Tiere und Pflanzen
- Fernglas
- Taschenmesser
- Notizblock oder kleines Heft und Kugelschreiber
- Erste-Hilfe-Set mit Pflastern
- Plastikdose für besondere Fundstücke
- Trinkflasche mit Wasser
- Jausenbox mit kleiner Stärkung

Sieh dich um – was entdeckst du? Schmetterlinge fliegen an dir vorbei, ein Eichhörnchen hüpft von Ast zu Ast, eine Ameisenkolonie baut ihr Zuhause, ein Reh springt über deinen Weg. Sonnenstrahlen bahnen sich ihren Weg durch die Blätter. Schau der Natur beim Wachsen zu.

Hör dich um – was bemerkst du? Ein Specht hämmert gegen den Baum, Insekten summen und brummen. Die Blätter rascheln im Wind. Die Vögel zwitschern, ein Ast knarrt, ...

Schnuppere herum – was riechst du? Kannst du Bäume am Geruch erkennen? Du schnupperst an Wildkräutern, Wiesenblumen und Baumharz, du riechst Laub und Nadelbäume. Vielleicht ist dir sogar schon aufgefallen, dass die Luft im Wald ganz anders duftet als in der Stadt.

Taste um dich – was fühlst du? Lass Käfer oder Ameisen über deine Hand laufen, berühre die Rinde unterschiedlicher Bäume und ertaste die Form von Tannenzapfen.

Koste doch mal – was schmeckst du? Im Wald wachsen Pflanzen, Pilze und Beeren. Aber nicht alles ist genießbar! Iss nur, was du wirklich kennst und wovon du weißt, dass es absolut ungefährlich ist. Frage einen Erwachsenen und benutze ein Bestimmungsbuch, um sicher zu sein. Übrigens: Auch ein Picknick im Wald schmeckt ganz besonders gut. Genieße dein mitgebrachtes Essen und Trinken auf einer gemütlichen Decke.
Lass aber bitte keinen Müll im Wald zurück.
Das schadet der Natur und den Tieren.

Was bei den Sternen war

Bei uns in der Waldheimat, da leuchten die Sterne heller als anderswo. Oft saß ich als Kind mit meiner Großmutter auf der alten Holzbank unter der Tanne. Wir schauten hinauf in den Nachthimmel und sahen die Sterne funkeln und glänzen.

„Das sind die Augen Gottes", sagte die Großmutter. „Schau, die Engelein zünden schon die Lichter an", meinte meine Mutter, wenn es finster wurde. Auch unsere Magd bewunderte die Sterne. Einen hatte sie sich gemeinsam mit dem Hans ausgesucht. Den Hans liebte sie von Herzen. Doch er war Soldat und konnte nicht bei ihr sein.

„Weißt du, Peterl, der Hans schaut jetzt gerade zu unserem Stern hinauf. Dann fühle ich mich ihm ganz nah, obwohl er so weit weg ist."

Ja, der Sternenhimmel in den klaren Sommernächten war etwas ganz Besonderes. Eines Abends musste ich noch die Rinder hüten, die den ganzen Tag gearbeitet hatten. Langsam wurde es dunkel und die Sterne erschienen am Himmelszelt. Normalerweise war die Großmutter bei mir, wenn ich so spät noch bei den Tieren war. Allein ist es ein bisschen unheimlich, fand ich. Doch sie fühlte sich schon länger nicht wohl und konnte mich nicht begleiten.

„Aber ich gehe oft vor das Haus und pfeife!", hatte sie mir versprochen. „Damit du hörst, dass ich ganz in der Nähe bin und an dich denke."

Meine Großmutter konnte gar lustig pfeifen. Sie steckte zwei Finger in den Mund und pfiff.

Da stand ich nun, bei unseren Rindern, und schaute hinauf zum Haus. Ein Uhu schrie, die Kühe fraßen und der Bach plätscherte vor sich hin. Nur das Pfeifen der Großmutter hörte ich nicht.

Plötzlich löste sich ein Stern vom Himmel und fiel herunter. Ich erschrak und mir wurde angst und bange.

„Wenn ein Stern vom Himmel fällt, stirbt jemand auf der Erde!", hatte mir die Großmutter einmal erklärt. „Großmutter!", sagte ich traurig und begann zu weinen.
„Peterl, komm heim! Beeil dich!", rief mein Vater nach mir. So schnell ich konnte, trieb ich die Tiere zum Hof. Das Haus war hell erleuchtet und alle liefen aufgeregt hin und her. „Rasch, Peterl, komm her!", sagte die Großmutter. Da stand sie vor mir und winkte mich in das Haus. Bevor ich sie erleichtert umarmen konnte, hörte ich Babygeschrei.

„Du hast ein Brüderchen bekommen!", klärte mich die Großmutter auf. „Ein Engel hat es vom Himmel gebracht!"

Die Mutter lag im Bett und hielt das neugeborene Kind sanft in ihren Armen. Staunend betrachtete ich das kleine Wesen.

„Großmutter", flüsterte ich ehrfürchtig. „Die Sterne fallen nicht vom Himmel. Das sind lauter Engelein, die Kinder zur Erde bringen."

Und den Engel, der meinen Bruder zu uns brachte, hatte ich selbst fliegen gesehen.

Ich bin ein armer Hirtenknab!

Ich bin ein armer Hirtenknab,
der Wald, das grüne Feld,
mein Brotsack und mein Birkenstab
ist meine ganze Welt.

Und zieht mein Schäflein grasend hin,
auf grüner frischer Au,
so gras' auch ich für meinen Sinn
im hohen Himmelsblau.

Und bricht die dunkle Nacht herein,
so schau ich dort hinauf:
Es blühet in der Sterne Schein
die Liebe Gottes auf!

Als ich das erste Mal auf dem Dampfwagen saß

Einmal wollte mich mein Pate, der Knierutscher Jochem, mit nach Maria Schutz nehmen. Mein Vater war einverstanden.

„Über den Semmering fährt jetzt eine Eisenbahn. Mitten durch den Berg haben sie ein Loch gegraben“, meinte er. „Das könnt ihr euch anschauen.“

Davon hielt der Jochem nicht viel. Die Eisenbahn sei ein Teufelswagen, sagte er. Der Pate und ich nahmen den Weg über das Stuhleckgebirge. Wir schauten hinunter ins Tal und entdeckten einen langen braunen Wurm, über dem Rauchwolken schwebten. Das war dem Jochem gar nicht geheuer.
Am Abend standen wir vor einem Berg mit einem Loch. Daneben lagen Steine, Schutt und Geröll. Wir starrten auf das Loch, hinter dem pechschwarze Nacht herrschte. Plötzlich begann die Erde zu zittern. Wir hörten ein gespenstisches

Brummen und Zischen. „Ein Erdbeben!“, rief der Pate ängstlich. Ein kohlschwarzes Ungetüm kam auf uns zu und spie Dampf und Rauch aus. Hinter sich zog es Häuser her, aus denen Menschenköpfe herausschauten. Alles ging so schnell. Das Ungeheuer donnerte an uns vorbei, schnaubte, ächzte und stöhnte dabei. Es raste direkt auf den Berg zu. „Jetzt fahren sie in das Loch!“, schrie der Jochem verzweifelt. Und wirklich, das Monster verschwand in dem schwarzen Loch, wurde kleiner und immer kleiner. Nur ein Lichtlein war noch länger zu sehen.

„Ha… ha… hast du das auch gesehen, Bub?“, fragte mich der Pate tonlos.

„Ja, das habe ich!“, erwiderte ich.

Als wir uns ein wenig gefangen hatten, wanderten wir weiter. In Maria Schutz schliefen wir auf einem Heuboden. Oder besser gesagt: Wir wollten schlafen. Keiner von uns tat ein Auge zu. Wir verstanden einfach nicht, was da heute geschehen war. Der Berg hatte das Ungetüm verschluckt und mit ihm die vielen Menschen.

„Lass es uns auch probieren!“, flüsterte der Pate mitten in der Nacht.

„Was denn?“

„Na, mit dem Dampfwagen fahren. Die anderen machen es doch auch. Warum sollten wir es nicht tun? Da werden die Leute staunen, wenn wir heimkommen und erzählen, was wir erlebt haben.“

„Ich bin dabei!“, antwortete ich.

Am nächsten Morgen gingen wir erst in die Kirche und dann zum Semmering-Bahnhof. Auch dort gab es ein finsteres Loch, durch das die Züge fuhren.

„Ich gebe dir zwei Sechser, wenn wir mit dem Dampfwagen durch das schwarze Loch fahren dürfen. Wir steigen gleich nach dem Berg aus!“, verhandelte der Pate mit einem Bahnbeamten.

„Da gibt es keine Haltestelle!“, lachte der. „Ihr müsst schon bis Spital fahren.“ Zweiunddreißig Kreuzer sollte das kosten. Das war dem Jochem zu viel.

„Das ist ein guter Preis für die hohen Herren. Aber ich bin ein armer Bauer", versuchte er es. „Außerdem wiegen wir beide gar nicht viel."
Der Bahnbeamte blieb hart und so bezahlte der Pate das Geld für die Fahrkarten. Schon schnaufte ein gewaltiger Zug aus einem Tunnel heran. Er spuckte Dampf aus und zischte dabei. Der Schaffner drängte uns in einen Wagon. Wir setzten uns auf eine Bank und schauten aus dem Fenster. Eine Glocke läutete und der Dampfwagen fuhr brummend los. „Um Himmels Willen, da fliegt eine Mauer vorbei!", erschrak der Pate.
Plötzlich wurde es um uns herum stockfinster. Eine Öllampe spendete nur wenig Licht. Es rauschte und brauste gefährlich. Schrille Pfiffe hallten durch die Dunkelheit. Der Jochem saß stocksteif neben mir und betete. Endlich wurde es wieder hell. Wir rasten an Bäumen, Mauern und Telegrafenmasten vorbei.
„Das macht richtig Spaß!", meinte mein Pate und schaute neugierig aus dem Fenster. „Und jetzt, wo es so schön ist, sollen wir aussteigen. Geh, Peterl, wir sind ja erst eine Viertelstunde gefahren. Und für die kurze Zeit haben wir so viel bezahlt. Wir bleiben noch sitzen und fahren weiter!"
Ich war einverstanden. Auch mir gefiel das Dampfwagenfahren.
In Mürzzuschlag stiegen wir aus und der Schaffner kontrollierte unsere Fahrkarten. „Moment, ihr hättet nur nach Spital fahren dürfen!", sagte er streng. Einen Gulden und sechs Kreuzer sollten wir bezahlen – das Doppelte, weil wir zu weit gefahren waren. Der Pate hatte kein Geld und ich auch nicht.
In einem Büro mussten wir unsere Taschen ausleeren. Geld fanden die Bahnbeamten keines. Stundenlang mussten wir Fragen beantworten. Schließlich, als es schon dunkel wurde, durften wir gehen. „Siehst du, Peterl!", seufzte der Pate Jochem. „Ich habe dir ja gesagt, so ein Dampfwagen ist Teufelszeug."

Herbst

Maismännchen basteln

Aus Maiskolben und Naturmaterialien kannst du ganz einfach lustige Maismännchen basteln. Bei einem Spaziergang in der Natur findest du fast alles, was du dafür benötigst.

Du brauchst:

- Maiskolben (mit Blättern)
- Hagebutten, Bucheckern, bunte Blätter oder andere Naturmaterialien
- Kleber
- Stecknadeln

So wird gebastelt:

Ziehe die Blätter des Maiskolbens nach oben. Wenn sie getrocknet sind, bilden sie die Haare deines Maismännchens. Alternativ lassen sich auch die Griffel, die Maishaare, zu einer Frisur formen. Als Augen nimmst du Hagebutten, Bucheckern, Gänseblümchen oder Ähnliches. Hagebutten befestigst du am besten mit Stecknadeln am Maiskolben, Bucheckern kannst du mit dem Stiel in den Mais stecken.
Für die Nase kannst du ebenfalls Hagebutten verwenden. Der Mund lässt sich einfach aus einem Blatt gestalten. Schneide die gewünschte Form aus und klebe ihn auf.
Wenn du magst, kannst du bunte Blätter als Kleidung auf den Maiskolben kleben.
Natürlich lassen sich aus Maiskolben auch Maisfrauen, Maiskinder oder eine ganze Maisfamilie basteln.

Tipp: Schneide das Ende des Maiskolbens ab, damit du dein Maismännchen auch aufstellen kannst. Lass dir dabei von einem Erwachsenen helfen.

Blätterigel basteln

Im Herbst trippeln Igel durch das bunte Laub. Selbstgebastelte Blätterigel kannst du ohne Gefahr streicheln. Kleiner Tipp: Igel haben bis zu 8.000 Stacheln. Die musst du aber nicht alle nachbasteln.

Du brauchst:

- Braunes Tonpapier (oder Fotokarton)
- Gepresste Herbstblätter
- Schwarzes Papier
- Schere
- Kleber
- Filzstift (schwarz)

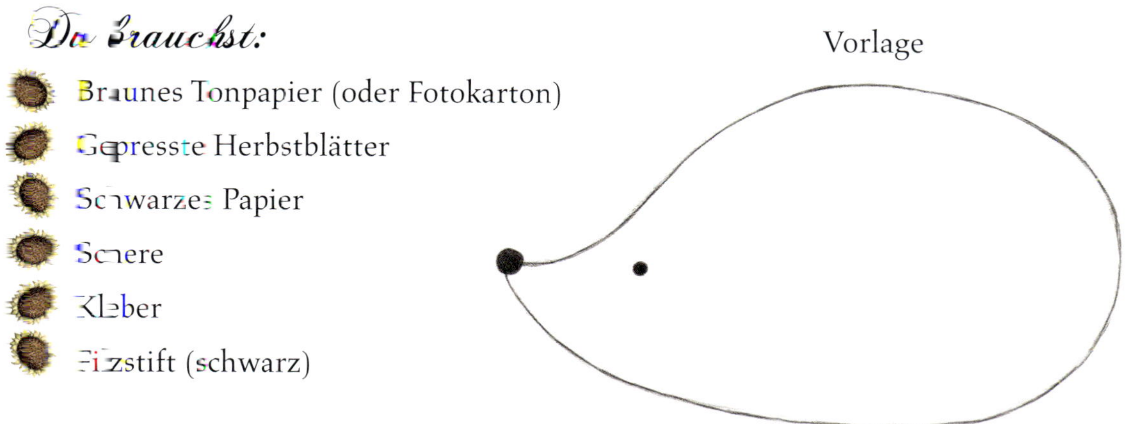

So wird gebastelt:

Sammle buntes Herbstlaub und presse es, indem du es für einige Tage unter ein dickes Buch oder zwischen die Seiten legst. Zeichne einen Igel auf das braune Tonpapier. Schneide den Igel mit einer Schere aus.
Als nächstes brauchst du das gepresste Laub. Klebe die bunten Blätter auf den Igelkörper. Die Spitzen der Blätter sollen die Stacheln sein. Nun fehlt nur noch das Igelgesicht. Male mit dem schwarzen Stift ein Auge auf. Aus dem schwarzen Papier schneidest du einen kleinen Kreis. Diesen klebst du als Nase auf den Igel.
Schon ist dein süßer Blätterigel fertig.

Als ich zum Pfluge kam

Als Kind war es meine Aufgabe, die Rinder zu hüten. Ich wollte aber mehr. Ich wollte zum Pflüger aufsteigen und den Pflug über den Acker führen. Dazu musste ich mir die eine oder andere List überlegen. Ich tat so, als hätte ich mir den Fuß verstaucht. So konnte ich den Tieren natürlich nicht mehr nachlaufen. Meinem jüngeren Bruder erzählte ich, dass ich auf der Weide Vogelnester entdeckt hätte. Er war so neugierig, dass er nur zu gerne statt mir das Kühehüten übernahm.

Blieb nur noch unser Knecht Markus, den ich austricksen musste. Normalerweise leitete er den Pflug. „Pflügen ist nicht anstrengend", erklärte er mir. „Aber als Pflüger muss man stark und geschickt sein."

Ich streckte mich und machte mich richtig groß. Fast ging ich dem Markus bis zur Achsel. Dann umfasste ich den Zaunpfahl mit beiden Händen und schüttelte ihn kräftig. Damit hatte ich ja wohl bewiesen, wie stark und geschickt ich war.

Mein Vater aber lachte nur. „Na, du bist mir ein Prahlhansl! Mach nur, lange wird es nicht dauern, bis es dir zu viel wird!“

Gesagt, getan. Markus führte den Pflug sicher über den Acker. Das schaute ganz einfach aus und es schien sogar Spaß zu machen. Nun war ich an der Reihe. Entschlossen packte ich den Stier an den Hörnern. Führen ließ er sich aber nicht. Nein, er führte mich. Es schleuderte mich einmal nach links, einmal nach rechts. Mein Vater und Markus lachten.

Und ich? Ich wollte zeigen, dass ich ein Pflüger sein konnte. Ich wollte nicht mehr länger einer der Halterbuben sein, die immer am Ende des Tisches sitzen müssen und die nie jemand nach ihrer Meinung fragt. So gut ich konnte, führte ich den Pflug weiter. Die Regenwürmer, die aus der Erde gehoben wurden, wunderten sich bestimmt über den neuen Pflüger. Ich pflügte weiter und immer weiter. Dabei hoffte ich, dass bald Mittag war. Endlich hörte ich den gellenden Pfiff der Mutter, mit dem sie uns zum Essen rief. Was war ich erleichtert!

Wir gingen zum Mittagessen und ich wusch mir nicht die Hände, obwohl sie voller Erde waren. Jeder sollte sehen, wie hart ich gearbeitet hatte. Stolz saß ich bei den Erwachsenen und nicht mehr bei den Halterbuben. Es war ein sehr wichtiger Tag in meinem Leben. Als ich den Pflug führte, war ich vom Kind zum Mann geworden.

In diesem Jahr pflügte ich den ganzen Acker. Mein Vater streute das Korn in die Erde und im nächsten Frühjahr freuten wir uns über das Getreide. Im Hochsommer waren die Halme reif und neigten sich zur Seite. Da kam der Hagel und zerstörte die ganze Frucht.

So erging es uns immer wieder. Ich pflügte noch oft und fast jedes Jahr richtete der Hagel Schaden an. Allzu oft wurde die Ernte vernichtet und unsere Arbeit war umsonst. Irgendwann gaben wir auf und pflanzten Lärchen. Dort, wo ich früher das Pflügen erlernte, stehen nun junge Bäume, aus denen bald ein Wäldchen wird.

Der steirische Bua

Peter Rosegger war ein echter „steirischer Bua", also ein Bub aus der Steiermark. Er liebte seine Heimat sehr und war stolz, Steirer zu sein. Auch wenn er als Erwachsener auf seinen Lesereisen andere Länder kennenlernte, gefiel es ihm nirgends so gut wie zu Hause in der Steiermark.
Peter schrieb viele Geschichten und Gedichte über die Steiermark und darüber, wie schön sein Vaterland ist. Das folgende Gedicht ist in der steirischen Mundart geschrieben. Daneben findest du den Text auf Hochdeutsch.

Der steirische Bua
Jo, s' Büabl von steirischn Landl,
Is' ollaweil frisch, ohne Rua,
Und wer nit recht tonzn und raufn konn,
Der is' ka steirischa Bua!

Und s' Büabl von steirischn Landl,
Dos traut sih auf d' Höh in da Frua;
Und wer bis um siemi in Federn steckt,
Der is' ka steirischa Bua!

Und s' Büabl von steirischn Landl,
Haut topfa fürs Votalond zua;
Und wer sih in Feind nit vor d' Nosn traut,
Der is' holt ka steirischa Bua!

Der steirische Bub
Ja, der Bub aus der Steiermark,
Hat immer viel zu tun,
Und wer nicht tanzen und raufen kann,
Der ist kein steirischer Bub!

Und der Bub aus der Steiermark,
Geht schon in der Früh in die Berge;
Und wer um sieben noch schläft,
Der ist kein steirischer Bub!

Und der Bub aus der Steiermark
Kämpft tapfer für sein Vaterland;
Und wer sich vor dem Feind versteckt,
Der ist eben kein steirischer Bub!

Die Geschichte vom Schlüssel

In meinem Elternhaus gab es ein Kästchen, das im Eck unserer Stube hing. Hier bewahrte ich meine Schätze auf. Und es waren ganz besondere Dinge, die dort lagen. Ein Taschenspiegel ohne Glas, eine Mundharmonika, der ein paar Kläppchen fehlten, ein abgebrochenes Taschenmesser, ein paar Messingknöpfe und die Hefte, in die ich meine Geschichten schrieb. Es waren lauter Sachen, die kaputt und nicht mehr brauchbar waren. Aber für mich waren sie etwas ganz Besonderes.

Am Kastl gab es ein Schloss aus Eisen. Ich hätte meine Schätze gerne eingesperrt, doch der Schlüssel fehlte. Trotzdem hielten sich meine Geschwister an meine Vorgaben. „Das Kastl gehört dem Peter! Da darf man nichts herausnehmen!“, sagten sie, wenn jemand allzu neugierig war.

Ich hätte gerne einen Schlüssel gehabt. Sicher ist sicher. Nur so war garantiert, dass niemand heimlich meine Wertsachen benutzte. Ich bettelte so lange, bis mein Vater das Schloss aus dem Kastl ausbaute und es zum Schlosser nach Krieglach brachte. Der sollte einen neuen Schlüssel machen.

Es war Herbst und ich hütete das Vieh beim Bach. Das machte ich oft und ich liebte es, den Forellen zuzuschauen. Manchmal fing ich einen Fisch, machte ein Feuer und grillte ihn. Doch an diesem Tag war ich viel zu aufgeregt, um die Forellen zu beobachten. Ich wartete auf meinen Vater und auf meinen Schlüssel. Der Vater kam und kam nicht. Und wie das nun mal so ist, wenn man auf etwas wartet, die Zeit schien stillzustehen.

Erst am Abend kehrte der Vater nach Hause zurück. Einen Schlüssel hatte er allerdings nicht mit. Oh, was war ich enttäuscht! Acht Tage brauchte der Schlosser, um den Schlüssel herzustellen. Unglaublich lange acht Tage.

Am Sonntag sollte unser Knecht den Schlüssel holen, wenn er zur Kirche ging. Schon am Freitag erinnerte ich ihn an diese wichtige Aufgabe. „Geh bitte gleich nach der Messe zum Schlosser.

Vergisst du es auch bestimmt nicht? Es ist wirklich, wirklich wichtig!", sagte ich in der Früh, zu Mittag und am Abend. Eigentlich sagte ich es immer, wenn ich ihn sah. Am Samstag gab ich ihm das Geld für den Schlüssel. Und dann war endlich Sonntag. Der Knecht ging früh los zur Kirche. Nach dem Mittagessen kam er nach Hause und setzte sich an den Tisch. Die Mutter hatte ihm etwas zu essen aufgehoben. Seelenruhig saß er nun da und ließ sich das Essen schmecken.

Ich hockte ungeduldig daneben, doch der Knecht schien sich extra viel Zeit zu lassen. „Hast du den Schlüssel?", platzte es schließlich aus mir heraus. Da holte er Münzen aus seiner Tasche und legte sie auf den Tisch. „Auweh, den Schlüssel habe ich ganz vergessen!", meinte er und schob den Löffel in seinen Mund.

Ich traute meinen Ohren kaum. Vergessen? Wie konnte er nur meinen Schlüssel vergessen? Ich war wütend und traurig zugleich.

Es dauerte ganze zwei Wochen, bis wieder jemand nach Krieglach kam. Ich bat die Weidmagd, mir den Schlüssel mitzubringen. Während sie sich auf den Weg machte, holte ich schon den Hammer und Nägel. Bald würde ich das Schloss einbauen und zusperren können. Mein Herz klopfte schneller, wenn ich nur daran dachte.

Am Nachmittag hielt ich es kaum mehr aus. Immer wieder lief ich aus dem Haus, um nach der Magd Ausschau zu halten. Endlich sah ich etwas Rotes durch die Büsche schimmern. Das musste sie sein! Aufgeregt lief ich ihr entgegen und rief: „Hast du meinen Schlüssel? Hast du ihn?"

„Sicher habe ich ihn!", sagte sie und lachte fröhlich. Sie holte ein Tuch aus ihrer Schürze und breitete es aus. Tatsächlich, da war er, mein Schlüssel. Mit zitternden Fingern griff ich nach dem kleinen, silbernen Ding und konnte es nicht glauben. Nun hielt ich ihn in meiner Hand, den Schlüssel zu meiner Schatzkiste.

„Und wo ist das Schloss?", fragte ich. Die Magd kreischte auf, als hätte sie ein Gespenst gesehen. „Das darf ja nicht wahr sein!", stieß sie aus. „Jetzt habe ich das Schloss vergessen. Das liegt noch auf dem Fensterbankerl vom Schlosser!"

Ungläubig starrte ich die Magd an. Ich hatte den Schlüssel, aber kein Schloss.

Am liebsten wäre ich sofort nach Krieglach gelaufen, um das Schloss selbst zu holen. Und ich schwöre, wenn es nicht schon bald dunkel geworden wäre, hätte ich es auch gemacht! Was blieb mir also übrig? Ich musste weiterhin warten.
Die Woche verging und am nächsten Sonntag machte ich mich selbst auf den Weg nach Krieglach. Ich holte das Schloss und brachte es nach Hause. Voller Vorfreude montierte ich es. Mein Vater schaute mir zu und sprach: „Na, jetzt kann wohl nichts mehr schiefgehen. Es wird ja hoffentlich der richtige Schlüssel sein!"
Erschrocken sah ich meinen Vater an. Ich griff nach dem Schlüssel und wollte ihn gerade ins Schloss stecken. Da fiel mir der Schlüssel zu Boden. Rasch bückte ich mich und versuchte es noch einmal. Wieder ließ ich den Schlüssel fallen. Es war wie verhext. Ich kroch unter den Tisch und unter die Bank. Ich tastete den Boden ab, aber der Schlüssel blieb verschwunden. Erst mit dem Spanlicht entdeckte ich ihn. Der Schlüssel war weit unter die Bank gerutscht. Ich kroch hervor und steckte den Schlüssel in das Schloss. Er passte! Ich drehte den Schlüssel um, zog ihn ab und

rüttelte an dem Kastl. Es war fest versperrt. Nichts rührte sich. Meine Schätze waren ein für alle Mal sicher.

Staunend schauten mir meine Geschwister zu, wie ich das Kastl immer wieder auf- und zusperrte. Auf und zu, auf und zu. Ich packte meine Schätze in das Kastl und holte noch mehr Wertvolles. Die Socken, die mir die Mutter gestrickt hatte, legte ich hinein. Das Täschchen vom Vater gab ich in das Kastl und das Geld, das mir der Taufpate geschenkt hatte, auch. Sogar eine Birne bewahrte ich darin auf. Ich fand noch viele andere Sachen, die ich in meine Schatzkiste sperren wollte.

Als alles sicher verstaut war, versperrte ich das Winkelkastl und steckte den Schlüssel in meine Hosentasche. Was war das für ein unglaubliches Gefühl!

Meine Schätze waren sicher und ich konnte wieder an die Arbeit gehen. Unsere Schafe hatten sich verlaufen und ich sollte sie zurückbringen. Das war gar nicht so einfach, denn der Widder war über einen Zaun gesprungen. Irgendwann waren alle Schafe wieder in unserem Stall und ich wollte mir zur Belohnung die Birne holen und sie verspeisen. Ich griff in meine Hosentasche. Da war kein Schlüssel!

Hektisch kramte ich danach, aber der Schlüssel war nicht da. Ich lief zurück zur Weide und suchte tagelang alles ab. Im Moos schaute ich nach, im Heidekraut und im Gras. Nichts! Der Schlüssel blieb verschwunden.

Ich wollte meine tragische Geschichte aufschreiben. Doch die Hefte waren in meinem Schatzkastl. Es wurde kalt und meine warmen Socken waren weggesperrt. Alles, was ich brauchte, war in dem Kastl, zu dem ich keinen Schlüssel mehr hatte. Mein Vater öffnete das Schloss mit einem Nagel. Die Birne war längst verfault, aber sonst war alles, wie ich es eingesperrt hatte. Ich bewahrte meine Schätze auch weiterhin in dem Kastl auf. Verschließen konnte ich es freilich nicht mehr.

Übrigens: Dort, wo ich den Schlüssel verloren habe, steht heute eine Aussichtswarte. Falls du den Schlüssel findest, kannst du ihn behalten. Das Schatzkastl gibt es nämlich schon lange nicht mehr.

Als ich das Ofenhückerl war

Der Lieblingsplatz in unserem Haus war ganz eindeutig die Ofenbank. Wir hatten einen großen Kachelofen und rund um den stand diese Bank. Die Großmutter erzählte uns Kindern dort Geschichten. Die Mutter hing die frischgewaschenen Hemden auf. Ich lag auf der Ofenbank, als ich ein Baby war, und ich lag darauf, wenn ich krank war. So nahe beim Ofen war es gemütlich warm, im Sommer wie im Winter. Ob es draußen regnete, schneite oder stürmte, die Ofenbank war immer ein guter Platz.

Morgens heizte die Mutter ein und schon bald hörte man in der Stube das Knistern des Feuers. Doch der Ofen wärmte uns nicht nur. Nein, darin konnte man auch Brot backen. Alle zwei Wochen hatte die Mutter ihren Backtag. Vierzehn Laibe Bauernbrot – und das sind große Laibe! – hatten in dem Ofen Platz. Als ich ein kleiner Bub war, half ich der Mutter beim Backen. Genauer gesagt hatte ich eine ganz besondere Aufgabe. Bevor die Mutter das Brot in den Ofen schob, musste ich hineinklettern. Falls du jetzt an die Hexe aus Hänsel und Gretel denkst, kann ich dir sagen, dass es nicht so war. Natürlich hatte die Mutter noch kein Feuer gemacht.

Im Ofen war es dunkel, staubig und rußig. Die Mutter reichte mir einen Besen aus Tannenreisig. Damit machte ich den Steinboden sauber. Ich kehrte die Kohle hinaus und legte die Asche weg. Danach gab mir die Magd große Holzscheite zu, die ich übereinander legte. So konnte die Mutter Feuer machen. Aber da war ich längst schon wieder aus dem Ofen gekrochen.

Ja, so ein Ding hält die Stube nicht nur kuschelig warm, er ist wirklich nützlich. Im Ofen konnten wir Korn trocknen und Obst dörren. Wir konnten darin Brot backen oder gemeinsam davor sitzen und uns Geschichten erzählen. Einmal wurde in dem Ofen sogar fast Fleisch gebraten.

Kurz vor Allerseelen kam ein junger, schlanker Bursch an unseren Hof. Er zog durch das Land und schlief einmal bei diesem und einmal bei jenem Bauern. Nun, im Herbst, wurde ihm das langsam ungemütlich. Im Sommer konnte man zur Not auch im Freien schlafen. Aber jetzt, wo es immer kälter wurde? Nein, da war dem Burschen eine warme Stube doch lieber.

„Darf ich den Winter auf eurem Hof verbringen?“, fragte er.

„Wenn du uns bei der Arbeit hilfst“, meinte der Vater.

Der Kaunigl, so hieß der Bursche, war einverstanden. Statt zu arbeiten setzte er sich aber gleich an den Tisch und aß mit uns zu Abend. Er griff gierig zu und tat so, als wäre er bei uns zuhause. „Ihr könnt euch gar nicht vorstellen, was ich schon alles gegessen habe!“, sagte der Bursche. Er wartete nicht, bis jemand nachfragte, sondern

erzählte weiter. „Auf einem Hof habe ich gezuckertes Kraut bekommen, auf einem anderen Sterz mit Wein. Und in einem Dorf gab es Knödel mit Weinbeerl. So viele Weinbeerl, dass der Knödel ganz schwarz war.“

Die Knechte lachten über die merkwürdigen Speisen. Da hatte der Kaunigl wohl einiges durcheinandergebracht. „Die Weinbeerln gehören in den Sterz, der Zucker zum Wein und das Kraut zu den Knödeln“, erklärte ihm einer. Aber der Kaunigl redete weiter: „Und einmal habe ich sogar Käfer in zerlassener Butter verspeist. Die schmecken hervorragend – kann ich nur weiterempfehlen.“

Da wurde es auch dem Vater zu viel und er gab dem Burschen den Rat still zu sein. Der Letzte am Tisch hatte noch nicht sein Kreuz gemacht, da holte der Fremde Spielkarten aus seiner Hosentasche. Er mischte und begann, die Karten auszuteilen. Doch keiner griff danach. Der Kaunigl schaute verwundert in die Runde. Hatte wirklich niemand Lust auf ein Kartenspiel? Ich wollte gerade die bunten Karten nehmen, da ging der Vater dazwischen: „Weg mit den Karten! Morgen ist Armerseelentag! Da wird gebetet und nicht Karten gespielt!“
Am nächsten Tag spielten der Kaunigl und ich Karten, während der Vater in der Kirche war. Leider erwischte uns die Mutter dabei. „Burschen, schämt euch! Denkt an die armen Seelen und betet lieber!“
Von da an spielten wir heimlich im Heustadl. Ich lernte „brandeln“, „zwicken“, „bettlerstrafen“, „pechmandeln“ und „mariaschen“. Eines Tages stieg Everl, unsere Magd, die Leiter zum Stadl hinauf. Wir hörten sie schon von Weitem, weil sie so außer Atem war und laut schnaufte. Sofort gingen wir in Deckung und verkrochen uns in den dunkelsten Winkel. Aber die Everl hatte uns schon entdeckt.
„Ja, Burschen, was macht ihr denn da?“, rief sie erschrocken.
„Beten!“, antwortete der Kaunigl. „Das soll ich euch glauben?“, fragte sie. „Peterl, du weißt genau, dass der Vater nicht will, dass ihr Karten spielt. Der Teufel wird euch holen und in die Hölle mitnehmen, wenn das so weitergeht!“
In die Hölle? Das wollte ich natürlich auf keinen Fall. Trotzdem gefiel mir das Kartenspielen und auch den Kaunigl fand ich interessant. Er erzählte spannende Geschichten, von denen ich nie wusste, ob sie wahr oder erfunden waren. Deshalb suchten wir einen neuen Platz zum Kartenspielen. Einen Platz, wo uns niemand bemerken würde. Das war gar nicht so einfach. Der Vater und die Knechte saßen in der Stube und auch sonst war es nirgends sicher.
„Was ist mit dem Ofen?“, fragte der Kaunigl.
„Der Ofen?“, wiederholte ich verwundert. Das konnte doch nur ein Scherz sein. Aber nein, der Kaunigl meinte es ernst, und so krochen wir in den Ofen. Hinter dem

Holzstoß machten wir es uns gemütlich. Mein neuer Freund machte das Ofentürl zu und zündete die Kerze an, die er mitgebracht hatte. Dann mischte der Kaunigl die Karten und wir spielten und spielten und spielten. Hier waren wir sicher und konnten bis in die Nacht „farbeln", „mauscheln" oder was uns sonst noch einfiel. Irgendwann hörten der Kaunigl und ich ein seltsames Geräusch. Jemand machte sich am Ofentürl zu schaffen. Schnell blies der Bursche die Kerze aus. Um uns herum war es stockdunkel.

„Pst, leise!", warnte mich der Kaunigl. Wir waren mucksmäuschenstill und lauschten gespannt. Da geschah etwas Furchtbares! Das Türl ging auf. Davor stand die Everl. Sie hatte einen brennenden Holzspan in der Hand und legte ihn in den Holzstoß im Ofen. Hinter den Holzscheitern kauerten der Kaunigl und ich und mussten fassungslos zuschauen, wie die Flammen auf das Holz übergriffen. Ich kreischte auf und hastete so schnell es ging zum rettenden Ausgang. Die arme Everl fiel vor Schreck nach hinten. Der Kaunigl hatte nicht so viel Glück wie ich. Seine Beine waren viel länger als meine. Er konnte nicht zwischen der Wand und dem Holzstoß hindurch. Im Ofen rauchte es schon stark und der Kaunigl konnte nicht mehr atmen.

„Der Kaunigl ist noch im Ofen!", schrie ich verzweifelt. Der Knecht packte einen Krampen und holte damit rasch die Holzscheiter heraus. Dann zog er auch den Kaunigl hervor. Seine Kleidung rauchte und der Bursche war grau und schmutzig. Da lag er am Boden und rührte sich nicht. Erst als ihm die Everl zwei Kannen Wasser über das Gesicht schüttete, kam der Kaunigl wieder zu sich. Was war ich erleichtert! Die Everl aber entdeckte die versengten Spielkarten und schimpfte mit uns: „Ja, Buben, habe ich es euch nicht gesagt, der Teufel wird euch holen, wenn ihr das Kartenspielen nicht sein lasst! Im Fegefeuer wart ihr heute ja schon!"

Ich versprach, nicht mehr Karten zu spielen. Mit dem Teufel wollte ich mich wirklich nicht anlegen. Und der Kaunigl? Na, der hatte eine neue Geschichte, die er erzählen konnte: Wie er im Feuerofen Karten gespielt hat.

Spielanleitung „Bettler strafen“

„Bettler strafen“ ist ein Kartenspiel, das du mit Schnapskarten spielen kannst. Seid ihr viele Spieler bzw. Spielerinnen, könnt ihr auch zwei Kartensets nehmen. Beim „Bettler strafen“ geht es um das Stechen. Alle Mitspielenden versuchen, ihre Karten so schnell wie möglich loszuwerden.

So wird gespielt:

Die Karten werden gleichmäßig an die Mitspielenden verteilt. Der oder die Erste, die ausspielt, darf eine einzelne Karte oder einen Mehrling (= mehrere Karten mit dem gleichen Zahlenwert, also zum Beispiel mehrere Achter) legen.
Der oder die nächste Mitspielende darf nun gleich viele Karten auf die ausgespielten Karten legen. Der Wert der Karte muss aber höher sein (also zum Beispiel ein Zehner). Kann der oder die Nächste nicht stechen, kann er oder sie passen.
Die höhere Karte sticht. Der Stich bleibt aber zuerst am Tisch. Erst wenn niemand mehr eine höhere Karte legen kann, ist die Runde zu Ende. Es kann also sein, dass du in jeder Runde mehrmals drankommst. Wer die Karte oder die Karten mit dem höchsten Wert ausgespielt hat, gewinnt den Stich und darf nun ausspielen und die nächste Runde eröffnen.
Sobald ein Spieler oder eine Spielerin keine Karten mehr hat, ist das Spiel zu Ende. Gewonnen hat der oder die Mitspielende, die zuerst alle Karten abgelegt hat.

Reihenfolge der Spielkarten:

6 – 7 – 8 – 9 – 10 – Bube – Dame – König – Ass

Wie ich dem lieben Herrgott mein Sonntagsjöppel schenkte

Mit meiner Mutter ging ich als Kind oft in die Kirche in Ratten. Dort stand am Hochaltar eine fast lebensgroße Statue eines Soldaten auf seinem Pferd. Mit seinem Schwert teilte er einen Mantel. Daneben saß ein Bettler, der in Lumpen gehüllt war. Das Denkmal beeindruckte mich und ich wollte von der Mutter wissen, was der Soldat vorhatte.

„Das erzähle ich dir, wenn wir rasten!“, vertröstete mich meine Mutter auf später. Das Warten fiel mir schwer – ich war doch schon so neugierig.

„Da vorne können wir rasten!“, rief ich ein paar Mal, aber der Mutter gefiel kein Platz, den ich vorgeschlagen hatte.

Im Wald setzten wir uns schließlich nieder. Endlich!

Ungeduldig schaute ich meine Mutter an. „Man soll den Armen helfen!“, begann sie zu erzählen. „Das gefällt dem lieben Gott. Der Reitersmann Martinus hat dem Bettler geholfen und die Statue erinnert uns noch heute daran.“

Ich nickte. Aber ich wollte noch viel mehr über den Reiter wissen.

„An einem Herbstabend ritt Martin über eine Heide“, sagte meine Mutter. „Du weißt ja selbst, wie kalt es sein kann, wenn der eisige Wind weht. Der Boden war gefroren und es schneite. Ganz eng zog Martin seinen Mantel zusammen.“

Wieder nickte ich. Im Herbst war es oft bitterkalt. Letztes Jahr wären mir beinahe meine kleinen Finger eingefroren.

„Plötzlich sah der Reiter einen alten Bettler auf einem Stein sitzen. Mit den Armen hielt er die Knie fest umschlungen. Der arme Mann hatte nur eine zerrissene dünne Jacke und zitterte vor Kälte. Martin stoppte sein Pferd und der Alte schaute ihn traurig an. Er wollte dem Bettelsmann helfen. Doch Martin hatte kein Gold und Silber, das er ihm geben konnte. Er hatte nur sein Schwert – und was sollte der

Bettler damit? Da zog er sein Schwert und teilte damit den Mantel. Die eine Hälfte gab er dem frierenden Alten, die andere schlang er, so gut es ging, um seinen eigenen Körper. Dann ritt er davon."

Aufmerksam lauschte ich den Worten meiner Mutter. Mir war selbst ganz kalt geworden, obwohl die Sonne vom Himmel brannte.

Die Geschichte war aber noch nicht zu Ende. Der brave Reiter legte sich zu Hause schlafen. In der Nacht kam der Bettler mit dem Mantelteil in das Schlafzimmer des Soldaten. Er lächelte ihm zu und zeigte ihm die Wunden an seinen Händen. Sein Gesicht war nicht mehr alt und verzweifelt. Nein, es strahlte und die Augen funkelten fröhlich. „Der Bettler war unser Herrgott!", erklärte mir die Mutter.

Nun verstand ich, warum das Abbild des Reitersmannes in der Kirche stand.

Auf dem Nachhauseweg begegneten uns zwei Bettler. Ich schaute sie ganz genau an. Vielleicht war einer von ihnen der liebe Herrgott. Zuhause zog ich mich um. Nur mein neues Sonntagsjöppel* behielt ich an. So lief ich abends auf die Weide, um die Schafe in den Stall zu bringen. Ich hüpfte über die Wiese und versuchte, die Wolken mit Steinchen zu treffen. Plötzlich entdeckte ich einen alten Mann, der auf einem Felsen saß. Seine Haare waren grau und die Kleidung schmutzig und zerrissen. Wie versteinert stand ich da und musterte den Alten von oben bis unten. Dann war es mir klar: Das musste unser Herrgott sein.

Ich konnte gar nicht richtig nachdenken, so aufgeregt war ich. Was sollte ich tun? Ich könnte nach Hause laufen und die Mutter holen. Sie würde bestimmt wissen, ob ich recht hatte oder nicht. Aber was, wenn der Herrgott in der Zwischenzeit aufsteht und weiterzieht?

Ich erinnerte mich daran, was der Reitersmann getan hatte. Rasch zog ich mein graues Jöpplein aus und zerrte mit aller Kraft daran. Ich wollte es in zwei Hälften reißen und den einen Teil dem armen Bettler schenken. Doch so sehr ich mich auch bemühte, die Jacke gab nicht nach. Ich holte einen Taschenfeitel aus meiner Tasche und teilte damit das Jöppel. Als ich fertig war, schlich ich zu dem schlafenden

*Jöppel = Jacke (Das Sonntagsjöppel war eine besonders schöne Jacke, die Peter eigentlich nur zum Kirchgang anziehen durfte.)

Bettelsmann und legte eine Hälfte der Jacke neben seinen Kopf. Die andere Hälfte klemmte ich unter meinen Arm und schaute dem lieben Herrgott noch eine Weile zu. Es war ein gutes Gefühl, jemandem zu helfen.

Schließlich lief ich mit den Schafen nach Hause und legte mich ins Bett. Ich konnte es kaum erwarten, dass der Herrgott zu mir kam. Bei dem braven Martin hatte er es auch getan. Gewiss würde er auch mich besuchen. Ich wartete und wartete und wartete. Der liebe Herrgott kam nicht.

Früh am Morgen weckte uns der Hahn mit seinem Krähen. Der Vater, die Mutter, die Mägde und Knechte, sie alle machten sich an die Arbeit. Da kam ein alter Mann zu meinem Vater und brachte ihm die geschenkte halbe Jacke.

„Dein Sohn hat das schöne Jöppel zerschnitten“, erzählte er meinem Vater ärgerlich. „Ich war beim Pilzesuchen und habe mich nur kurz ausgerastet. Und was macht dein Bub? Er wirft mir eine halbe Jacke an den Kopf!“

Auch der Vater wurde zornig. Er kam in die Stube und fragte mich: „Peter, wo ist denn dein neues Sonntagsjöppel?“ Ich fing an, bitterlich zu weinen.

„Das Sonntagsjöppel habe ich dem lieben Herrgott gegeben!“, verteidigte ich mich. „Jedenfalls dachte ich, dass es der Herrgott war.“

Der Vater wurde wütend. Ich weinte noch lauter. Das hörte die Mutter und eilte herbei. „Das Jöppel nähe ich wieder zusammen“, beruhigte sie meinen Vater.

Sie erzählte ihm vom Reitersmann Martin und meinen vielen Fragen, und dass der Bettler der liebe Herrgott war. Der Vater beruhigte sich und die Mutter strich mir liebevoll über das Haupt. „Das war lieb gemeint, Peterl!“, sagte sie. „Du wolltest dein Jöppel dem Herrgott schenken. In jedem Armen steckt der liebe Gott. Und wenn du dem Armen hilfst, so hilfst du auch unserem Herrgott.“

Ja, ich hatte nur die allerbeste Absicht, als ich mein Sonntagsjöppel verschenkte. Leider hatte ich es nicht dem lieben Gott, sondern einem Pilzsucher gegeben.

Dann machte ich mich lieber schnell wieder an die Arbeit. Der Vater und seine schlechte Laune waren nämlich noch ganz in der Nähe.

Laterne basteln

Auch wir denken an den heiligen Martin. In vielen Orten findet ein Umzug mit Laternen oder ein Lichterfest statt. Kinder basteln dafür bunte Laternen. Wenn es dunkel ist, gehen sie ein Stück und bringen Licht in die Dunkelheit. So erinnern sie an den heiligen Martin, der Armen von seinem Besitz abgegeben und damit ihr Leben erhellt hat.
Als Peter Rosegger ein Kind war, gab es noch keinen Strom in der Waldheimat.
Die Laternen kamen daher oft zum Einsatz. Peter musste manchmal sehr früh nach Kindberg gehen. In der einen Hand hatte er seinen Stock, in der anderen die Laterne mit der brennenden Kerze. Seine Lampe war aus Metall. Wir basteln uns eine Laterne aus Papier.

Du brauchst:

1 runde Käseschachtel
1 Teelicht
Lineal
Bleistift
Schere
Klebstoff
Transparentpapier
Draht
Holzstab

So geht's:

1. Schneide die Fläche aus dem Deckel der Käseschachtel so aus, dass nur der Ring übrigbleibt.

2. Schneide das Transparentpapier zu. Es muss so lang sein, dass du es einmal um das Äußere des Käseschachtelbodens legen kannst. Die Höhe deiner Laterne bestimmst du selbst.

3. Bemale, beklebe oder verziere das Transparentpapier. Du kannst bunte Herbstblätter oder aus Naturpapier fröhliche Motive ausschneiden und sie auf deine Laterne kleben. Mit Acrylfarben oder Filzstiften kannst du deiner Fantasie freien Lauf lassen und nach Herzenslust malen.

4. Nimm den Boden der Käseschachtel und klebe das Teelicht in die Mitte. Gerne kannst du auch ein elektrisches Teelicht verwenden.

5. Nun klebst du das fertige Transparentpapier um den Boden der Käseschachtel. Die Enden des Papiers klebst du ebenfalls zusammen.

6. Bestreiche den Ring der Käseschachtel mit Klebstoff. Befestige ihn vorsichtig innerhalb des oberen Endes des Transparentpapiers.

7. Lass alles gut trocknen.

8. Jetzt stichst du zwei Löcher, die einander gegenüberliegen, in den oberen Rand deiner Laterne. Führe den Draht durch das erste Loch, wickle ihn um den Holzstab und dann befestigst du den Draht beim zweiten Loch. Fertig ist deine Laterne!

Winter

Rezept Vanillekipferl

Du brauchst:

1 Arbeitsbrett
1 Schüssel
Backpapier
Backblech
Backofen
1 Suppenteller

Zutaten:

250g glattes Mehl
170g Butter (aus dem Kühlschrank)
90g gemahlene Mandeln oder Walnüsse
70g Staubzucker
1 Prise Salz
Vanillezucker

Zubereitung:

Leg ein sauberes Arbeitsbrett auf den Tisch. Schneide die Butter in Stücke und gib die Stückchen in das Mehl. Zerreibe die Butter mit dem Mehl in deinen Händen, bis keine Butterstücke mehr zu sehen sind.
Füge die Mandeln, den Staubzucker und ein bisschen Salz dazu und knete den Teig gut durch. Forme aus dem Teig eine Kugel.

Mürbteig lässt sich besonders gut verarbeiten, wenn er gekühlt ist. Lege die Teigkugel deshalb in eine Schüssel und stelle sie an einen kühlen Ort oder in den Kühlschrank. Dort soll der Teig eine Stunde lang rasten.

Schneide den gekühlten Teig in mehrere Stücke. Arbeite auf einer bemehlten Arbeitsfläche, damit der Teig nicht kleben bleibt. Forme aus den Stücken Rollen.

Schneide die Rollen in ca. 1 Zentimeter dicke Scheiben. Heize den Backofen auf 190 Grad vor.
Nun formst du aus jeder Scheibe ein Kipferl und legst es auf das Backblech. Vergiss nicht, das Blech vorher mit Backpapier auszulegen. Ist das Blech voll, schiebst du es vorsichtig in den Ofen (Achtung, heiß!).

Lass die Vanillekipferl etwa 10 Minuten backen. Danach lässt du sie etwas auskühlen. Heiße Vanillekipferl zerbrechen leicht. Deshalb solltest du ein bisschen abwarten, bevor du weitermachst.

Mische etwas Staub- und Vanillezucker in einem tiefen Suppenteller zusammen. Wenn die Kipferl nicht mehr heiß, aber noch warm sind, wendest du die Vanillekipferl in einer Mischung aus Staubzucker und Vanillezucker.

Tipp: Bewahre die Vanillekipferl in einer Keksdose auf. Darin werden sie nach wenigen Tagen mürbe und schmecken besonders gut.
Falls dann noch welche übrig sind …

Der Korbflechter von Abelsberg

Der Teichgräber von Abelsberg war ein kluger und fleißiger Mann. Im Winter, wenn die Teiche gefroren waren, flocht er in der warmen Stube Körbe. Eines Tages kam ein Bauer zum Teichgräber und fragte: „Kannst du auch eine Kohlenkrippe flechten?"
„Ja, das kann ich!", bestätigte der Teichgräber. „Für eine Kohlenkrippe brauche ich viele Weiden. Bring sie mir und acht Tage später kannst du deine Krippe abholen."
Schon bald kam der Bauer mit den Weiden zurück. Es war ein bitterkalter Winter und der Teichgräber heizte die Stube warm ein. So blieben die Weiden weich und biegsam und seine Finger wurden nicht steif vor Kälte.
Sorgfältig bereitete der Teichgräber das Gestell vor, schnitzte und schnitt und begann zu flechten. Die Kohlenkrippe sollte riesig werden. Es sollten so viele Holzkohlen Platz finden, wie zwei Pferde ziehen können. Für die aufwendige Arbeit hatte der Flechter nur acht Tage Zeit.
Allein blieb er dabei aber nicht. Weil er gerne Geschichten erzählte, kamen die Nachbarskinder und auch Erwachsene. Sie schauten dem Teichgräber beim Flechten zu und lauschten seinen Erzählungen. Den Kindern erklärte er viel Interessantes über Weiden und Holzkohlen. Und mit den Erwachsenen lachte er über die Streiche von Till Eulenspiegel oder den Schildbürgern.
Besonders lustig war die Geschichte über die Schildbürger, die ein Haus bauten. Leider vergaßen sie, Löcher für die Fenster freizulassen. Es war dunkel im Haus und so fingen die Schildbürger das Licht mit Säcken ein und trugen es in das Haus.
Die Zuhörer waren begeistert und lachten.
„Das sind nicht nur Geschichten! Da steckt viel Wahres drin!", sagte der Teichgräber.
„Sogar in Abelsberg gibt es Nachkommen der Schildbürger!"
Da staunten die Leute nicht schlecht. Dass hier solche Schelme wohnen sollten, konnten sie gar nicht glauben.

Nach acht Tagen und vielen, vielen Geschichten war der Teichgräber mit seiner Arbeit fertig.

Der Bauer kam, sah die Kohlenkrippe und schrie erschrocken auf.

„Gefällt dir die Krippe nicht?“, fragte der Korbflechter.

„Doch, doch …“, antwortete der Mann. „Sie hat genau die richtige Größe.“

Der Flechter nickte. „Es war nicht leicht, das zu berechnen“, meinte er. „Die Krippe ist unten schmal und hat in der Mitte einen Bauch. Außerdem soll sie 15 Fass Kohlen tragen können. Da muss man schlau sein, um das auszurechnen.“

Noch immer starrte der Bauer auf die Kohlenkrippe.

„Sie ist genau richtig geworden!“, sagte er schließlich. Es klang aber nicht wirklich begeistert. „Was stört dich dann an der Krippe?“, wollte der Flechter wissen.

Der Bauer suchte nach den richtigen Worten. „Nun ja … sie ist schön, hat die richtige Größe … und auch die perfekte Form, aber …“

„Aber?“, drängte der Korbflechter.

„Aber wie soll ich diese riesige Krippe nur aus deinem Haus bringen?“, fragte der Bauer.

Der Flechter warf einen Blick zur Tür. Da würde die Kohlenkrippe nie und nimmer durchpassen. „Oje, daran habe ich nicht gedacht!“, gab er kleinlaut zu.

Tja, was sollten die beiden nun tun? Der eine wollte eine Kohlenkrippe, hatte aber keine. Der andere wollte keine und hatte eine riesige Krippe in seiner Stube stehen. Aber immerhin hatte der flechtende Teichgräber eine neue Geschichte, die er allen erzählen konnte.

Schneebruch

Die Winter am Alpl brachten oft viel Schnee. Die Schneeflocken waren groß und fielen so dicht, dass man nicht einmal zum nächsten Bauernhaus sehen konnte.
Es schneite den ganzen Tag und die ganze Nacht und dann wieder den ganzen Tag und die ganze Nacht.
In einem Winter gab es besonders viel Schnee. Er blieb auf den Bäumen liegen und fror in den Nachtstunden. Neuer Schnee legte sich auf den alten und so hingen bald Eiszapfen von den Ästen. Mancher Baum hielt der Last nicht stand und brach entzwei. Es knisterte und krachte gefährlich im Wald.
Eines Tages lenkte ein Fuhrmann seinen mit Kohle beladenen Schlitten durch den Hochwald. Plötzlich stürzte ein Baum auf den Weg und verfehlte das Pferd nur knapp. Ein anderer Baum neigte sich und geriet immer mehr in Schieflage.
Unter dem Gewicht des vielen Schnees donnerte er auf den Boden und versperrte dem Fuhrmann den Weg. Weitere Bäume wankten und schwankten bedrohlich.
Der Fuhrmann stieg ab und wollte sein Pferd rückwärts lenken. Nach vor ging es ja nicht. Aber kaum machte das Tier ein paar Schritte zurück, krachten zwei riesige Baumstämme um. Der eine streifte den Schlitten und das Pferd sprang erschrocken nach vorne. Der Fuhrmann selbst landete im Schnee.
Um ihn herum lagen abgebrochene Wipfel, Äste und ganze Baumstämme.
Es knackte und schnalzte. Die Bäume schienen zu zittern. Da stürzte ein Wipfel auf den Schlitten. Kohlenstücke, Splitter und Schnee wurden durch die Luft geschleudert. Mittendrin saß der Fuhrmann und verfolgte ungläubig, was geschah. Schon bogen sich die nächsten Bäume, Stämme spalteten sich, das Pferd scheute.
Der Fuhrmann lief zu seinem treuen Tier und löste die Stricke. Gerade noch rechtzeitig galoppierte das Pferd los, denn eine gewaltige Tannenkrone sauste zu Boden. Der Fuhrmann brachte sich unter einer abgebrochenen Fichte in Sicherheit. Dort kauerte er stundenlang und musste zusehen, wie ein Baum nach dem anderen

umknickte wie ein Streichholz. Einfach loslaufen konnte er nicht. Die Gefahr, von einem Baum getroffen zu werden, war zu groß. Dunkel wurde es auch schon und im Schnee wäre er immer wieder eingesunken. Unter den dichten Ästen der Fichte fühlte er sich einigermaßen sicher.

Es war bitterlich kalt. Der Fuhrmann musste die Nacht in seinem Unterschlupf verbringen. Was blieb ihm denn anderes übrig? Mit den Armen umschlang er seine Knie, um sich zu wärmen. Er zitterte bald am ganzen Körper. Die Kälte und die Angst schüttelten den armen Mann durch. Da kam ihm endlich eine Idee. Der Fuhrmann sammelte die Reste der Kohle ein und machte Feuer. Die ganze Nacht blieb er wach. Es krachte und knirschte, Äste und Bäume bogen sich unter der Schneelast, Holz zersprang und fiel zu Boden. Ein Stamm landete donnernd nur wenige Zentimeter neben dem Versteck. Die Äste der beiden Bäume verhakten sich ineinander. Mittendrin saß der Fuhrmann und hatte Angst um sein Leben. Es war die schlimmste Nacht seines Lebens.

Am Morgen verließ der Mann den Unterschlupf. Er stapfte durch den Schnee, sank immer wieder ein, kroch weiter. Er kletterte über Baumstämme, bahnte sich seinen Weg zwischen abgebrochenen Wipfeln hindurch und sah mit Schrecken, dass der Wald viel weniger Bäume hatte als vor dem großen Schnee. Rundum knarzte und knackste es bedrohlich. Mit letzter Kraft kämpfte sich der Fuhrmann weiter. Durchnässt und erschöpft erreichte er schließlich eine Wiese. Dort begegnete er zwei Männern, die im Wald nach dem Rechten sehen wollten. Weil es zu gefährlich war, hatten sie ihr Vorhaben aber abgebrochen. So entdeckten sie den Fuhrmann und brachten ihn zum nächsten Bauernhof, wo er sich aufwärmen konnte. Bei Tee und Suppe erzählte er von der Nacht unter brechenden Bäumen. Die Erlebnisse dieser Nacht würde er sein Leben lang bestimmt nicht mehr vergessen.

Schnee-Engel

In der Geschichte „Schneebruch“ hast du erfahren, wie gefährlich große Schneemassen sein können. Für Kinder ist die weiße Pracht meistens ein riesiger Spaß. Bestimmt hast auch du schon einmal einen Schneemann gebaut oder eine Schneeballschlacht gemacht.
Aber warst du schon mal ein Schnee-Engel?

Das geht so:

- Zieh dir einen Skianzug oder Kleidung an, mit der du im Schnee herumtollen kannst.
- Suche dir eine Stelle im Schnee, wo es noch keine Abdrücke gibt.
- Lege dich auf den Rücken und strecke die Arme seitlich aus.
- Bewege die Arme mehrmals auf und ab und die Beine hin und her. So entstehen die Flügel und das Kleid des Engels.
- Steh auf und betrachte deinen Schnee-Engel aus einiger Entfernung. Sieht er nicht einfach himmlisch aus?

Die Tante und der Nikolo

Der Micherl war ein lustiger Mann. Und schon als Kind muss er ein richtiger Lausbub gewesen sein. Einmal hat er doch tatsächlich den Nikolaus ausgetrickst. Jedenfalls hat er mir das selbst so erzählt.

Der Micherl hatte drei Brüder und eine Tante. Die Brüder waren alle ganz besonders brav und der Micherl ... na ja, der Micherl war ... sagen wir mal, nicht ganz so artig wie seine Brüder.

Der Nikolausabend kam näher und immer näher. Aber der Micherl dachte gar nicht daran, sich besser zu benehmen. Er lutschte noch immer an seinen Fingern, bohrte in der Nase, zerriss seine Hosen und zerschlug beim Herumtollen sogar das Breitöpfchen. Die Tante musste sich oft sehr über den Micherl ärgern.

„Na, warte nur!", sagte sie und hob drohend den Zeigefinger.

„Du wirst schon sehen, was du davon hast!" Und dann erklärte sie dem Micherl, dass der Bischof Nikolaus schlimme Buben gar nicht gerne mag. Bestimmt würde sein Teller leer bleiben. Die guten Sachen würden bestimmt nur die braven Brüder bekommen.

Aber auch das beeindruckte den Micherl ganz und gar nicht. Er wollte sich in der Nacht auf die Lauer legen und dem Nikolo bei seiner Arbeit zuschauen.

Am Abend stellten die vier Buben ihre Holzteller auf den Tisch in der Stube.

Auf jeden Teller hatten sie mit Kreide den Namen des Besitzers geschrieben, damit es nur ja keine Verwechslungen gab. Dann gingen sie zu Bett und schnarchten bald friedlich vor sich hin.

Nur der Micherl war nicht gleich eingeschlafen. Er lag im Bett und schaute gespannt durch die Tür, die immer offen stand, in die Stube. Der Nikolo konnte jeden Moment kommen!

Plötzlich hörte der Micherl ein Knistern. Im Lichtschein huschte jemand vorbei und er konnte ganz deutlich einen Schatten erkennen, so groß und bucklig wie die Tante. Kurz darauf verschwand der Schatten wieder und alles war still. Angestrengt lauschte

der Micherl. Als er sicher war, dass niemand mehr in der Stube war, stand er auf und schlich so leise wie möglich aus dem Zimmer. Im Mondschein konnte er die Teller erkennen. Doch was war das? Auf den Tellern der drei Brüder lagen haufenweise Äpfel, Lebkuchen und Nüsse. Nur sein eigener Teller war leer!
Blitzschnell griff der Micherl zu. Er suchte sich von jedem Bruder die besten Geschenke aus und legte sie auf seinen Teller. Fast hätten die vielen Köstlichkeiten gar keinen Platz gehabt. Aber der Micherl wollte natürlich auf nichts verzichten und bald war sein Teller mehr als voll, viel voller als die Teller seiner Brüder.
Zufrieden nickte er und ging endlich schlafen.
Am nächsten Morgen standen die drei braven Brüder auf, wuschen sich und schlüpften in ihr Gewand. Nur der Micherl lag noch im Bett und tat, als wäre ein Tag wie jeder andere.
„So, gleich werden wir sehen, wer von euch wirklich brav gewesen ist!", lachte die Tante. Sie war richtig gut gelaunt. Kein Wunder! Sie dachte ja, dass der Micherl gleich begreifen würde, dass er kein braver Bub war.
Aber dann gab es eine böse Überraschung für die Tante! Als sie mit den vier Buben vor den Tellern stand, traute sie ihren Augen nicht. Schon wollte sie losschimpfen und klarstellen, dass der Nikolaus die Gaben anders verteilt hatte. Gerade noch rechtzeitig fiel ihr ein, dass sie das ja gar nicht wissen konnte. Die Buben hätten sofort durchschaut, dass sie und nicht der heilige Nikolo die Teller belegt hatte.
Was blieb der Tante da übrig? Sie musste gute Miene zum bösen Spiel machen und sagte nichts.
Der Micherl zeigte sich dann noch sehr großzügig. Er gab seinen Brüdern von seinen Reichtümern so viel ab, dass jeder gleich viel hatte. Sogar die Tante fand später ein großes Stück Lebkuchen auf ihrer Nachthaube.
Ach, übrigens … Im nächsten Jahr ist der Nikolo nicht mehr gekommen.

Als ich Christtagsfreude holen ging

Ich muss elf oder zwölf Jahre alt gewesen sein, als mein Vater mich in aller Früh wachrüttelte. Es war der Heilige Abend und meine sechs jüngeren Geschwister lagen noch in ihren Bettchen, die an der Wand standen und schliefen tief und fest.

Kein Wunder, denn draußen war noch finstere Nacht.

Die Mutter half mir beim Anziehen und bald saß ich ganz verschlafen am Tisch in unserer Bauernstube und löffelte die Frühsuppe.

„Hör mir zu, Peter!", sagte mein Vater. „Du musst hinuntergehen nach Langenwang. Nimm einen leeren Sack mit, denn du wirst viel heimtragen müssen. Einen Stecken nimmst du auch mit und die Laterne. Pass gut auf! Es liegt viel Schnee und die Wege sind vereist! Geh zum Holzhändler Spreitzegger in Langenwang. Den kennst du ja, nicht wahr, Peter?"

Müde nickte ich. Den Spreitzegger, ja, den kannte ich.

„Der ist mir noch immer das Geld für den Lärchbaum schuldig!", erklärte der Vater.

„Klopfe höflich an und sage ihm, dass ich ihn um das Geld bitten lasse.

Zwei Gulden und sechsunddreißig Kreuzer sind es! Und nimm den Hut ab, wenn du in das Zimmer gehst!"

Wieder nickte ich. Mit dem Geld vom Spreitzegger sollte ich beim Kaufmann Doppelreiter Semmelmehl, Rindschmalz und Salz kaufen.

„Mehl, Schmalz und Salz?", mischte sich nun die Mutter ein. „Daraus soll ich ein Christtagsessen zaubern? Peter, bring auch noch Germ, Weinbeerln, Zucker, Safran und Neugewürz mit. Ach ja, und Semmeln brauche ich auch!"

Der Vater seufzte. „Gut, kauf das alles. Und wenn du nicht genug Geld hast, bitte den Kaufmann Doppelreiter, dass er es aufschreibt. Zu Ostern bekomme ich das Geld für die Holzkohle. Da zahle ich den Rest!"

Kurz vor fünf Uhr früh machte ich mich dann auf den Weg nach Langenwang.

Den Sack hatte mir der Vater umgebunden. In der einen Hand hielt ich den Stecken, in der anderen die Laterne mit der brennenden Kerze. So marschierte ich durch den tiefen Schnee.

Nach einer langen Wanderung kam ich endlich ins Tal. Von der Landstraße her hörte ich das Schlittengeschelle.

In Langenwang ging ich als Erstes zur heiligen Messe in die Kirche. Der Mesnerbub war krank und der Schulmeister teilte mich gleich als Gehilfen ein. Ich sollte den Blasbalg der Orgel ziehen. Was war ich stolz!

Nach der Messe kniete ich mich vor ein Heiligenbild und betete, dass alles gut geht. Immerhin hatte ich wichtige Aufgaben zu erfüllen. Zuerst musste ich beim Holzhändler Spreitzegger die Schulden eintreiben. Fast hätte ich ihn verpasst. Nur durch einen Zufall erwischte ich ihn noch. Ich wollte nämlich gerade bei der vorderen Tür eintreten, da dachte ich mir: „Nur die reichen Herren gehen durch die vordere Tür! Peter, du bist ein armer Waldbauernbub. Arme Leute gehen durch die hintere Tür!"

Tja, und genau da traf ich auf den Spreitzegger. Ich glaube, dass er mich durch das Fenster gesehen hat und schnell durch die Hintertür verschwinden wollte. Jedenfalls war er ziemlich verlegen, als er mich sah.

„Ja, Bub, dir ist sicher kalt!“, sagte er und wollte sich schon an mir vorbeidrängen. „Geh ruhig hinein und wärme dich ein bisschen auf!“

„Mir ist nicht kalt!“, entgegnete ich. „Mein Vater, der Waldbauer, lässt um das Geld bitten!“

„Ums … ums Geld? Ach ja, genau!“, stotterte der Spreitzegger. „Da lass ich deinen Vater schön grüßen und wünsche ihm frohe Weihnachten! Nach den Festtagen komme ich hinauf zu ihm und bezahle!“

Aber so leicht ließ ich mich nicht abwimmeln. Ich erklärte dem Spreitzegger, dass ich die Sachen für das Christtagsessen kaufen muss und auf keinen Fall mit einem leeren Sack heimkommen kann. Da kramte der Spreitzegger in seiner Brieftasche und drückte mir schließlich einen Gulden in die Hand.

„Mehr hab ich nicht!“, brummte er und ging schnell davon.

Mit dem Gulden ging ich zum Kaufmann Doppelreiter. Ich wusste natürlich, dass das Geld nie und nimmer reichen würde. Trotzdem kaufte ich alles, was die Mutter bei mir bestellt hatte: Semmelmehl, Rindschmalz, Salz, Germ, Weinbeerln, Zucker, Safran, Neugewürz.

Der Herr Doppelreiter wog alles ab und verpackte es in Päckchen und Tüten.

Dann band er alles zu einem Paket zusammen, damit ich es leichter tragen konnte.

„Das macht drei Gulden und fünfzehn Kreuzer!“, sagte der Doppelreiter, als er alles zusammengerechnet hatte.

Ich legte dem Kaufmann mein Geld hin und meinte: „Da ist einmal ein Gulden.

Den Rest bezahlt mein Vater, der Waldbauer in Alpl, zu Ostern!“

„Zu Ostern?“, murrte der Doppelreiter. „In welchem Jahr?“

Doch die Frau Doppelreiter kam mir rasch zu Hilfe. „Lass ihm die Sachen nur!“, meinte sie. „Der Waldbauer hat bis jetzt noch immer bezahlt!“

„Ja, ja!“, brummte der Kaufmann.

In dem Moment fielen mir die Semmeln wieder ein. Die hatte ich ganz vergessen.

„Kann ich vielleicht auch noch fünf Semmeln haben?“, fragte ich also.

„Semmeln bekommst du beim Bäcker!“, antwortete der Doppelreiter.
Das wusste ich natürlich. Aber ich hatte noch nie gehört, dass man auch beim Bäcker etwas aufschreiben lassen kann. Bestimmt musste ich die Semmeln gleich bezahlen. Ich erzählte der Frau Doppelreiter, dass ich leider gar kein Geld mehr hatte. Und sie – die herzensgute Frau! – gab mir einfach so zwei Groschen, damit ich beim Bäcker Semmeln kaufen konnte. Nicht nur das! Für den Nachhauseweg steckte sie mir auch noch gedörrte Zwetschken zu. „Zum Naschen“, sagte sie.
Kurz danach wanderte ich schwer bepackt mit den vielen Köstlichkeiten Richtung Alpl. In den Häusern wurde gebacken, gebraten und alles für den Heiligen Abend vorbereitet. Und ich? Ich freute mich auf das gute Christtagsessen. Die Mutter kann nämlich wirklich gut kochen. Da läuft einem schon das Wasser im Mund zusammen, wenn man nur daran denkt.
Ein Schwein ist ja auch geschlachtet worden. Speck wird es geben, Würstl und Knödelfleisch. Krapfen, Zuckernudeln und Schmalzkoch mit Weinbeerln. Das wird ein Festmahl!
Die Reichen in Langenwang haben so etwas jeden Tag. Da ist auch ein Christtagsessen nichts Besonderes. Aber bei uns gibt es das nur einmal im Jahr! Deshalb schmeckt es uns wahrscheinlich sogar noch besser als den Reichen.
Ich freute mich auf das gute Essen, auf das Christkind und das heilige Fest. Wenn ich erst zuhause bin, wollte ich aus der Bibel vorlesen. Die Mutter und Mirzel, die Magd, werden Weihnachtslieder singen und um zehn Uhr werden wir alle gemeinsam zur Christmette nach Sankt Kathrein gehen.
Aber noch lag ein weiter Weg vor mir. Mein Bündel mit all dem guten Essen wurde immer schwerer und schwerer.
Zu Mittag machte ich eine kurze Rast. Mein Magen knurrte schon. Ich setzte mich auf eine Bank und aß eine Semmel und ein paar gedörrte Zwetschken.
Gestärkt und mit frischen Kräften ging ich dann weiter.
Doch schon bald merkte ich, dass jemand hinter mir war – der grüne Kilian.

Der grüne Kilian war ein seltsamer Geselle, ein bisschen unheimlich sogar. Ich hatte noch nichts Gutes über ihn gehört.

„Willst du dein Bündel in meinen Buckelkorb geben?", fragte der grüne Kilian. „Dann trage ich es ein Stückchen für dich!"

Kaum hatte ich meinen Einkauf in den Korb vom grünen Kilian gelegt, wurde er immer schneller.

„Herr Kilian!", rief ich. Aber der grüne Kilian machte noch schnellere Schritte und der Abstand zwischen uns wurde immer größer. Ich begann zu laufen und versuchte, ihn einzuholen. „Herr Kilian!"

Ich musste irgendwie mit dem grünen Kilian Schritt halten. Was sollte ich nur tun? Er durfte mich auf keinen Fall abhängen! Vor uns tauchte plötzlich ein Schlittengespann auf, das zwei graue Ochsen zogen. Es war der Grabler Hansel, der Kohlenführer.

So laut ich konnte, rief ich ihm zu: „Hansel! Hansel! Bitte sei so gut und leg mir meine Christtagssachen auf deinen Schlitten! Der Kilian hat sie in seinem Korb! Er soll sie dir bitte geben!"

Meine Stimme muss ziemlich ängstlich geklungen haben. Denn der Hansel verstand sofort. Er sprang von seinem Schlitten und stellte sich dem grünen Kilian in den Weg. Dem blieb nichts anderes übrig, als mein Bündel aus seinem Buckelkorb zu holen und es dem Hansel zu geben. Dann verschwand er so schnell er konnte.
Der Hansel nahm mich auf seinem Schlitten mit bis nach Alpl. An der Weggabelung ließ er mich aussteigen. Nun musste ich noch den steilen Berg hinauf.
Es begann zu dämmern und zu schneien, aber irgendwann kam ich dann doch zuhause an.
Die Mutter stand am Herd und kochte. „Hast du alles?“, fragte sie mich.
Ich nickte stolz.
„Brav bist!“, lobte mich die Mutter. „Und hungrig wirst du auch sein!“
Da hatte sie recht! Die Mutter zog mir die gefrorenen Schuhe von den Füßen und ich setzte mich zum Essen in die warme Stube. An mehr kann ich mich seltsamerweise nicht mehr erinnern. Ich weiß nur noch, dass ich gut ausgeschlafen in meinem warmen Bett aufwachte und die Morgensonne zum Fenster hereinlachte.

Zum Weihnachtsbaum

Friede war im Wald und jeder Baum beglückt
Durch schöne, reife Frucht, womit der Herbst geschmückt
Die Äste all', dass jeder Zweig sich biegt
Bis hoch hinauf, wo sich die Krone wiegt.
Doch leider, wo's zum Segen will gedeihen,
Da findet sich auch gern der Hochmut ein
Und auch der Neid. Und jeder wollt' sich prahlen,
Dass seine Frucht die schönste sei von allen.

Nur eines litt im Wald viel Weh und Gram
Und barg sich ins Gesträuch voll tiefer Scham.
Ein Tannenbäumchen war's gar schmächtig, schlank,
Wohl aller Früchte, auch der ärmsten blank.
Und während andre stolz im vollen Prangen.
Hatt' es an seinem Stamm nur Nadeln hangen,
Nur dunkelgrüne Nadeln, scharf und spitz.
Sie stachen es, doch schärfer stach der Witz
Der andren und ihr Hohn, gar schal und widrig
Dem schlichten Bäumchen, weil's so arm und niedrig.

So duldete das Bäumchen still und fromm.
Da zog hernieder durch den mächt'gen Dom
Ein Engel aus des Himmels heil'gen Hainen,
Der sah den armen Dulder schmerzlich weinen.
Er ließ sich erdenwärts vom weiten Raum,
Zur armen Tanne sprechend: „Liebster Baum!

*Hier handelt es sich um eine von der Autorin gekürzte Version des Gedichts.

Du warst bisher verachtet und verflucht.
Doch tragen wirst du noch die schönste Frucht,
Die je ein Baum getragen hier auf Erden.
Du sollst der Baum der höchsten Freude werden."
Wie wurde jetzt der Himmel trüb und grau!
Es blies ein kalter Wind auf Haid und Au.
Er heulte durch den Wald voll wilder Hast
Und rüttelte die letzte Frucht vom Ast.
O, bald war jeder Baum, der einst geprahlt,
Der Frucht und Blätter bar - gar kahl und alt.

Nur jenes Bäumchen steht noch frisch und frei,
Und grünt und flüstert sanft wie einst im Mai.
Und als die heil'ge Nacht gekommen war,
Da schwebte durch den Wald die Engelschar
zum Bäumchen zart und trug es durch die Nacht
In festlich aufgegangener Strahlenpracht.
Wie Flammen sich zu Sternenkränzen reih'n,
Und Früchte, die im Himmel nur gedeih'n,
So trägt der Baum, dereinst verschmäht, verflucht
Wie unser Heiland selbst, die schönste Frucht.
Und wo er kommt, da kommt er nicht allein,
Da bringt er Freuden mit für Groß und Klein.

Wünsche zum neuen Jahr

Ein bisschen mehr Friede und weniger Streit
Ein bisschen mehr Güte und weniger Neid
Ein bisschen mehr Liebe und weniger Hass
Ein bisschen mehr Wahrheit – das wäre was.

Statt so viel Unrast ein bisschen mehr Ruh
Statt immer nur Ich ein bisschen mehr Du
Statt Angst und Hemmung ein bisschen mehr Mut
Und Kraft zum Handeln – das wäre gut.

In Trübsal und Dunkel ein bisschen mehr Licht
Kein quälend Verlangen, ein bisschen Verzicht
Und viel mehr Blumen, solange es geht
Nicht erst an Gräbern – da blühn sie zu spät.

Ziel sei der Friede des Herzens
Besseres weiß ich nicht.